教育理论与德育工作开展研究

孙晓倩 ◎ 著

吉林出版集团股份有限公司

图书在版编目（CIP）数据

教育理论与德育工作开展研究 / 孙晓倩著． — 长春：
吉林出版集团股份有限公司，2021.11

ISBN 978-7-5731-0644-5

Ⅰ．①教… Ⅱ．①孙… Ⅲ．①德育工作－研究 Ⅳ.
①G41

中国版本图书馆 CIP 数据核字（2021）第 234807 号

教育理论与德育工作开展研究

著　　者	孙晓倩
责任编辑	滕　林
封面设计	林　吉
开　　本	787mm×1092mm　　1/16
字　　数	210 千
印　　张	9.5
版　　次	2021 年 12 月第 1 版
印　　次	2021 年 12 月第 1 次印刷
出版发行	吉林出版集团股份有限公司
电　　话	总编办：010-63109269
	发行部：010-63109269
印　　刷	北京宝莲鸿图科技有限公司

ISBN 978-7-5731-0644-5　　　　　　　　　　定价：99.00 元

前　言

　　高校德育工作需要随着社会现实问题的变化而不断进行调适，在将"教育治理"理念引入高校德育工作的过程中，我们可以发掘"教育治理"在理论指导、创新实践和评估保障三大主题方面的沿革趋势与应用价值。现代教育治理视域下的新时代高校德育工作需要从制度建设、信息传播、心灵体验、师资培养等方面寻找新的突破口，以期为高校德育工作路径与对策研究提供借鉴。

　　"中国特色社会主义进入新时代"是党的十九大报告做出的重大判断之一，"新时代"对个人思想道德素质提出了更高的要求。高校应以扎实贯彻落实十九大精神为契机，不断开创德育工作的新突破、新举措、新路径，培育出德才兼备的社会主义接班人。高校思想政治教学有效性研究是摆在广大思政教师面前的紧迫课题。我国国际地位不断提高，以及经济、科技软实力不断创新，随之而来的是外来思想的文化冲击，以及暴露在网络上的各类"黄色"或"黑色"的碎片信息。这些新状况和新问题的不断出现，不仅给当下大学生的思想政治教育带来极大挑战，也给思想政治教育教学研究提出新的探索方向。因此，针对新时期的发展要求，思想政治教学策略也备受关注。

　　教育治理是推动我国教育现代化发展进程的关键举措。"教育既指各级各类教育，也指各级各类教育中的教育活动、教育体制、教育机制和教育观念；治理指的是各方相互冲突和相互竞争中，运用规则和程序进行调解的一种过程。"这不仅需要把握思想政治教学在社会主义核心价值观教育中的核心地位，也需要充分展现高校意识形态教育的育人价值。本节的研究探讨立足高校德育教育，将教育治理与德育工作相结合。彰显育才与德育的同向育人机制效应，实现高等教育向立体化育人转型，为高校德育教育工作路径与对策研究提供新的思维理念。本节的研究成果对于政府决策发挥职能效力、丰富教育理论和发展有一定推动作用，可以为相关教育职能管理部门、学校的管理部门及后续学者研究提供参考。

　　"教育治理"的深入发展需要理论支撑和实践巩固，还需要探索和认证。但我们可以预见到，坚定马克思主义理念，多方位推进教育改革和模式变通，最终"教育治理"的视域会被越来越多地接受和实施，进而形成可持续推进和显现长效的有机体制。将现代教育治理思想引入高校德育工作，不仅是新时代实现中华民族伟大复兴的必然要求，更是青年一代锤炼品格、坚定理想信念、明确文化自信、健全人格的奋斗路径。

孙晓倩

2021 年 3 月 1 日

目　录

第一章　现代高校德育教育的理论研究

第一节　高校德育教育的现状

党的十八大报告指出："全面贯彻党的教育方针，把立德、树人作为教育的根本任务，培养德智体美全面发展的社会主义建设者和接班人。"高校德育教育对于学生的引导作用极其重要。为了准确掌握高校德育教育的现状，笔者对河北省 11 所院校的大学生进行了问卷调查。在对问卷进行科学分析的基础上，对高校德育教育现状进行了研究。

笔者于 2013 年 4 月到 7 月进行了较大规模的问卷调查，问卷经过了精心设计。调查对象为 11 所本专科院校学生，涉及近 50 个专业。其中包括河北师范大学、河北经贸大学、石家庄经济学院、河北医科大学、河北科技大学 5 所高校的全日制本科生与硕士研究生，以及石家庄城市职业学院、石家庄职业技术学院、河北交通职业技术学院、石家庄工商职业学院、河北师范大学附属民族学院等 6 所高职院校学生。本次共发放问卷 3500 份，回收有效问卷 3236 份。笔者对问卷进行了仔细的分析和研究，将高校德育教育现状分析如下。

一、复杂的社会环境的冲击

随着经济全球化、信息化的快速发展和我国改革开放的深入，中西方文化相互渗透与交流，尤其是西方文化中的个人主义、实用主义不断冲击着大学生的价值判断。在调查中，关于"你对'只要能得到个人最大的满足，违背一点道德规范也没关系'这句话的态度是什么"的设问：有 52.7% 的同学表示非常赞同，36.9% 同学表示比较赞同，只有 10.4% 的同学不赞同。这说明我们一直提倡的"毫不利己、专门利人"的道德观念已经发生了改变。目前的社会环境已经让大学生更多地为个人利益着想。加之市场经济的负面影响，将进一步诱发学生诚信意识淡薄、产生拜金主义和享乐主义。在受访的学生中，有 51% 的同学表示经常遇到考试作弊的现象，45% 的同学认为是个别现象，只有 4% 的同学表示不会作弊。诚信是做人的起码道德要求，也是社会经济健康发展的有效保障。然而市场经济的效率优先原则却让许多人忽略了公平正义，这直接影响到身处社会中的大学生；同时，理论与现实的冲突也冲击着高校尚未完善的德育教育，使得高校德育教育的实效性受到很大制约。

二、滞后的学校教育

在调查中，56.7% 的同学认为合格的大学生学习成绩应排在首位，26.4 的同学认为实践能力排第一，只有 13.5% 的同学认为道德素质最重要。当前我国的高等教育仍以应试教育为主，这从大学的教学质量评估中可见一斑。大学的教学质量评估主要是依据学生考试成绩、四六级过级率、计算机水平以及一些学术性学科性竞赛成绩等。这使高校教育更倾向于知识取向，而忽略了道德取向，导致德育教育在高校的实际工作中遭到冷遇和排挤，德育教师不受重视，德育课为专业课让路。由于政治理论课要求与党的路线方针政策高度一致，使其理论性强、缺乏趣味性，这与 90 后的学生追求新颖的特点形成矛盾。加之单一的说教形式和呆板的"填鸭式"教学方法，难以与学生形成有效互动，使得高校德育教育的教学效果大打折扣。在受访的学生中，93.5% 的同学表示德育课教学形式单一，也正是这一现状的真实反映。在各学校的调研中可以发现，由于条件制约几乎所有的高校都非常重视理论教学。在《思想道德修养与法律基础》课的课时分配上，基本上是理论 36 课时，实践 18 课时。这与当前学生学习的多样性需求相背离，因此减弱了高校德育教育的实践效果。

三、家庭教育和学生自身的影响

当前高校学生都是 20 世纪 90 年代以后出生的，他们当中的大多数是独生子女，他们的父母都是在改革开放和社会变迁的过程中成长起来的。在家庭教育中，生活水平的提高使家庭教育的环境更为宽松，父母对子女的学习成绩更加重视。由于对独生子女的溺爱，往往忽略了对孩子的道德情操教育，使一些大学生集体观念淡薄、以自我为中心、怠于关心他人等。调查中发现，有 42.6% 的同学在家从不帮父母做家务，34.7% 的同学是父母要求做家务才做，只有 12.9% 的同学经常主动做家务。在能否积极参与学校组织的各项活动这个问题上，33.1% 的同学选择会积极参与，56.7% 的同学有时参加，8.4% 的同学从不参加任何活动。独生子女在较为宽松的家庭环境中成长，他们享受着长辈们无微不至的关爱，在"舐犊情深"的家庭教育背景下，以独生子女为主的大学生往往特立独行、喜欢彰显个性、希望自己成为众人关注的焦点，这些都与我们的高校德育教育发生着碰撞。现实情况往往是"五二零"效应，即学校教育的五天，学生的自我约束力和道德情操天天好转，家庭教育的两天使教育成果几乎归零。

四、养成教育缺少必要的氛围

大学生良好道德习惯的养成，不仅要靠思想教育，而且必须辅之以必要的行为管理和德育生活熏陶。把德育生活融入大学生的行为养成中去，逐渐培养他们的道德习惯和意志力。但是，目前高校学生管理的规章制度中，有些制度虽已制定，但由于执行不严或操作性不强而只能流于形式。调查显示，有51.9%的同学认为大学里的"课桌文化"和"墙壁文化"是可以理解的，只有15.7%的同学认为课桌和墙壁属于公物不能乱涂乱画。对于见义勇为行为，有43.8%同学认为自愧不如，21.4%人觉得可敬但不可学，甚至有7.8%的同学勾选了傻帽。可见养成教育氛围的缺失已经影响到大学生的道德认知。现实生活中，有人把摔倒的老人送进医院却被反过来讹诈，在好事做与不做之间徘徊的已经不是自己的道德良知，而是他人对自己的评价，这势必会减弱高校德育教育成果。也正是因为缺乏一种良好的互相推崇和模仿的德育学习氛围，在学生的心理上才出现了许多矛盾和疑问，这就需要学校和社会给予学生思想以正面引导。

五、高校德育教育对策

首先，强化德育教育的首位意识，在高校形成全员共建的德育氛围。

培养全面发展的高素质人才是高校工作的核心任务，其中人才的首要素质是思想品德的健康合格。因此，德育教育的首位意识应深入高校的各级工作部门。坚持德育首位，优化育人环境，把它作为当前高校工作的重中之重，把德育工作置于学校各项工作的首位。德育为首即全面发展教育的过程中，德、智、体、美、劳缺一不可。正如我们常说的"有才无德是次品，德才兼备是合格品"，德育应居于主导和统帅的地位。强化德育教育的首位意识要求高校一方面加强和改进大学德育课程建设，发挥德育课堂教学的主导作用；另一方面要把德育渗透到高校工作的方方面面，在专业课教学、管理、生活服务各方面都体现育人的宗旨，做到"教书育人，管理育人，服务育人，环境育人的综合教育应成为所有教师和教育工作者的共识和自觉行为"。同时，应该把高校德育教育融入教学、科研、管理、服务之中，将学校的各种校园活动与社会主义核心价值体系相联系，比如，把河北省正在建设的"善行河北"主题道德实践活动融入学生的学习、活动和生活中，从而形成全员共建的德育氛围，全面营造高校德育教育立体、综合的育人环境。

其次，改变学生被动接受者的地位，树立"以学生为中心"的教育观念。

很多时候我们都强调德育是培养人、塑造道德人格的活动。同时又把学生当作被动的接受者，学生成为被动接受道德灌输的对象。归根结底在于教师没有树立"以学生为中心"的教育观念，仍然习惯于"以教师为中心""以教材为中心"。教师往往考虑最多的是"今天我的教学任务是什么"，而不是"学生今天想要学习的是什么"。树立"以学生为中心"的教育观念就要教育者改变这种情况，把教学活动中教师是主体转变为学生是主体、教师是主导。重视学生作为学习活动的主体地位，设身处地为学生着想，从学生的角度出发来整理教学思路、安排教学内容、设计课堂教学活动。只有这样充分发挥学生的主动性，才能调动学生学习的积极性，营造学习的趣味性。从而让学生课上爱上德育课、课下想上德育课。生活中能够自觉地按照道德标准要求自己。以此提高学生的道德实践能力、自觉形成高尚的道德品质，成长为适应时代要求的德才兼备的合格人才，实现德育教育目标。

再次，以知识教育为基础，强化学生的道德实践。

知识教育是高校德育教育的重要组成部分，但不是全部。如果仅仅注重知识教育而忽略了道德实践，在德育教育中理性说服和灌输教学就会占据主导地位，教育过程不免显得过于空洞。德育教育本身应该是理论与实践的结合。理论必须通过学生的道德内化转化为道德实践，而且道德实践要比道德知识的教授和获得更为重要。只有通过实践，社会的道德理想、道德准则才会转化为道德品质，学生的道德素养才会得以提高。只有强化德育教育的实践环节，才能改变德育教育"纸上谈兵"、脱离实际的现状。因此，当前的高校德育教育应在传统的知识教育的基础上，着力强化学生的道德实践，积极开展与德育目标相结合的社会实践活动。通过开展一系列的主题道德实践活动，并一以贯之。充分发挥大学生关注社会的特点，将德育教育目标和课堂教学内容融入实践活动，实现知识教育向实践能力的转化，帮助大学生认识社会、服务社会。在社会实践中强化道德内化、巩固道德信念，做到知行统一，提升高校德育知识教育的实践效果。

最后，加强教师队伍建设，发挥教师的人格示范作用。

教师是提高教育质量的关键，加强教师队伍建设可以有效提高高校德育教育的水平。高校可以在全面贯彻党的教育方针的前提下，遵循教育规律和教师成长发展规律。稳定教师队伍，加强教师工作薄弱环节，创新教师管理体制机制。调动教师的工作积极性，以提高师德素养和业务能力为核心，全面加强教师队伍建设，为高校德育教育工作提供有力支撑。发挥教师的人格魅力是改善和提高学校德育实效的一条重要途径。每一位教师在传授知识的过程中都会传达出个人的思想和价值取向，进而使学生受到影响。作为传递道德价值观念的德育教学，学生受教师的影响更深。因此高校德育教师要发挥人格示范作用，树立以人为本的服务意识。要注意培养师德和敬业精神，做到言传身教、为人师表。通过自身的人格示范作用培养学生为人处世的态度，使自己成为学生尊敬的老师、崇拜的对象、可以信赖的朋友，从而达到成功传递科学的道德观念和价值标准的德育教育目标。

第二节 高校德育教育与环境教育

高校开展环境教育拓展了德育内容，对高校德育教育有着重要作用。环境教育在对大学生三观培养，大学生社会责任意识强化，实现道德内化与知行统一，提升大学生素质，丰富德育手段等方面发挥着重要作用。只有环境教育主动服从和服务于德育，才能使两者有机结合，发挥出环境教育的功效。从而使学生学会尊重自然、爱护自然、合理利用自然，达到人与自然和谐共处的目的。

环境教育是以人类与环境的关系为核心，以解决环境问题和实现可持续发展为目的，让"受教育者获得人与环境和谐相处所需要的知识、方法和能力，培养学生对环境友善的情感、态度和价值观,引导学生选择有益于环境的生活方式"(教育部 2003 年 2 月 20 日《中小学生环境教育专题教育大纲》) 而展开的一种教育社会实践活动过程。

建设生态文明,实现中华民族持续发展的中国梦,是党的十八大报告中对建设美丽中国提出的要求。要实现中国梦这一目标,需要几代人付出不懈的努力,特别是需要肩负中国未来事业接班人和建设者重任的大学生们去不懈努力才能实现。只有他们具有了正确认知和处理人与环境之间关系的素质和能力,树立了人与社会、环境和谐相处的观念,才能更好、更快地实现中国梦。而要让他们具备这样的意识、素质和能力,除了加强其专业知识的培养教育外,更需要打破传统的德育体系,将环境教育作为德育的重要组成部分。改变传统德育教育只注重人与人、人与社会之间的关系的处理,片面强调人类征服自然、改造自然的主观能动性,忽视人与自然关系的缺陷的现状,才能使他们在建设生态文明、实现中国梦的进程当中发挥出中流砥柱的作用。

一、环境教育拓展了高校德育内容

环境教育弥补了传统德育在培养学生树立关爱自然、关爱社会、关爱他人,尊重人与人、人与社会、人与环境之间关系方面的缺失,把它移入传统德育对拓展高校德育的内容、培养大学生环保意识、提高全民族的道德风尚,具有重要意义。正如《21 世纪议程》中指出的:"教育对促进持续发展是非常关键的,它能提高人们对付环境与发展问题的能力,正规和非正规的教育对改变人们的态度都是必要的,使他们有能力估计并表达他们对持续发展的关心。"

大学阶段是大学生的世界观、人生观、价值观形成的重要时期。在此阶段如果他们能够正确、全面地理解人与环境的关系,就会认识到人不仅能够改变环境,环境同样也可以改变人的生活,人和自然环境是相互作用的、统一的整体;就会将环境保护变为自己自觉的行动,就会愿意为环境的改善付出个人利益暂时的牺牲,从而使他们的世界观、人生观和价值观发生改变,进而帮其树立起正确、全面的世界观、人生观、价值观。然而传统德育观注重人与人、人与社会之间关系的处理。片面强调人类征服自然、改造自然的主观能动力,忽视了人与自然关系的处理。因此大学生没有建立起对自然、对生命的正确态度和情感,造成人与自然的对立。大学生树立的世界观、人生观和价值观,缺乏对自然的观照,容易形成片面的世界观、人生观和价值观。导致学生在处理人与自然的关系时形成错误的价值观、生活观、世界观,造成破坏生态环境、导致人类生活环境恶化的局面。

在环境教育中,教师还可以对学生渗透理想教育、爱国主义教育等德育内容。通过这些教育可以培养学生具有全球意识、国情意识、危机意识;使学生学会关心、合作以及正确处理人与人、人与社会、人与环境的关系。进而与之交往合作,最终树立良好的环境保护观念,成为环境保护的宣传者、监督者、行动者,达到德育工作事半功倍的效果。因此,在高校德育教育中引入环境教育,使环境教育成为德育教育的一项重要内容,不但拓宽了德育教育的内容，而且通过环境教育和传统德育的共同教育，可以实现德育教育效果的最大化。

二、加强环境教育，可以强化大学生社会责任意识

环境是人类共同生活的空间，也是人自身发展的条件。但是，环境问题却是当前我们每天都要面对的问题，其对人类的生存和发展构成了现实的威胁。雾霾、饮水安全、食品安全等问题逐一浮出水面，影响着每一个社会成员生存。这些问题的出现，正是由于一些企业、个人缺乏社会道德意识造成的。

通过环境教育可以让学生明白造成这种现状的原因，明白人的活动对自然以及人类社会生存发展的长远影响和后果。进而认识到改变这种现状是他们的历史使命，是他们对国家、民族未来命运的一份担当。这份担当会使他们愿意将所学的环境保护知识内化为自己的信念并外化为具体的实践行动，为环境的改善做出自己的贡献，从而大大增强学生的环保动力。这份担当，会使他们在处理人与环境、社会、他人的关系时，学会关心社会、关心他人。在人与人、社会、环境的交往中规范自己的言行，遵守社会道德规范和秩序，学会如何处理个人与环境、个人与他人的关系。这份担当会使他们在处理个人利益与整体利益时，认识到只有维护整体利益，才能实现个人利益的最大化。进而在个人利益与整体利益发生冲突时，自觉地使个人利益服从环境利益、社会利益。"产生自觉维护社会公共利益和他人利益、后代人利益为准则的行为意识"，这种意识就是社会责任意识。

三、发挥环境育人功能，实现大学生道德内化和知行统一

道德内化（Moral Internaliza tion）是指道德社会化的主体——人经过一定方式的社会学习，接受社会的道德教化，将社会道德标准、价值观、道德规范和行为方式等转化为其自身稳定的道德人格特质和道德行为反应模式的过程。同时，道德内化又是道德知识逐步转化为个人内心道德信念的过程。

长期以来，无论在德育教育方面还是在环境教育方面，我们存在着"知易行难"、知行不统一的问题。比如，通过这些年的宣传和教育，虽然在学生的环保理念、意识和行动力等方面取得了一定的进步和发展，但不环保的行为如长流水、长明灯，白色污染、破坏校园的绿化、随手丢弃废电池等现象，在大学校园中屡见不鲜。要解决这些问题，就需要发挥德育中环境育人的功能，强化道德内化。

环境育人是指通过有目的地利用环境和有计划地建设环境及开发环境育人功能并驾驭环境育人的活动。它是一种无声的、潜移默化的教育。通过良好的外界环境，让人产生一种自我约束力，激励学生去欣赏环境、爱护环境、感知环境，从而给他们带来身心愉悦。它可以促使学生养成良好的环境意识和环境审美感，进而认同、珍惜和热爱环境。有道德、有纪律的素质要求就在这种潜移默化中得到培养、升华，自觉不自觉地在思想感情和行动

上实现道德内化。从而培养起健康文明的生活方式和高雅品位的生活格调，激发他们保护环境的行动力。如果再加以必要的管理手段和约束机制，磨炼他们的道德意志，提高他们的道德素养，就会形成一种无形的教育力量，帮助他们自我监督、自我教育、自我控制、自我管理。将社会公德和文明行为由外律要求逐步转化为内律素质，形成知行合一的道德品质，达到自觉保护环境、知行统一的德育目的。

四、开展环境教育，是全面提升大学生素质的重要手段

大学生素质教育涉及许多方面。进入21世纪，许多国家将环境意识"列为21世纪人类必须具备的素质之一，甚至将国家公民环境意识的强弱作为衡量一个国家和民族文明程度的一个重要标志。环境教育的主要内容是培养学生的环境意识，实质是帮助学生树立符合可持续发展的环境理念，教育学生正确处理人与人的关系、人与自然的关系"。

"人是环境的主体，人的素质决定环境的走向和质量，要想增强人们的环境意识，最根本的途径就在于做好人的教育。因为教育的本质是人类自身的再生产和再创造，其功能就在于不断更新人的观念、提高人的素质、促进人类社会健康持续发展。"高校作为环境教育的主要载体，承担着为国家培养和造就具有高度环保意识的未来国家建设的决策者、参与者和实践者的重任。它培养的人才的素质高低，决定着国家未来事业的成败。高校通过环境教育，教会他们正确认识人与环境的关系。培养学生全面的素质，对推动我国环境保护事业的发展，推动生态文明建设，实现建设美丽中国的中国梦，有着非凡的意义。所以说，开展环境教育是提升大学生素质的重要手段。

五、环境教育丰富了德育教育手段，提升了德育效果

传统的德育教育在教育手段上大多采取课堂教育，将德育作为一个专门的知识体系加以研究。主要的教育方法是靠书本灌输，辅之以一些德育实践活动，如志愿者活动、重大事件的纪念活动、知识竞赛等。这样的教育由于缺乏丰富的手段，使受教育者产生抵触情绪而厌学；由于德育目标定位过于片面，学生被动地接受德育的教化，忽视了学生主体的内在需求，因而在实践中被证明是效果有限，造成了德育的空洞化。加上"高校德育'两课'教法脱离实际，德育内容匮乏滞后，教师职业水准下降，使得德育实效整体低下"。

实践表明，要想使德育有成效，就要使德育满足不同层次受教育对象的学习要求，形成不同程度的道德观。通过有效的教育实践活动，最终实现各自道德水准的提高或转变。环境教育正是通过其活动的丰富性、多样性以及环境教育的知识性、趣味性、实践性等特点，满足了不同年龄、爱好、个性等受教育者的要求，实现了教育的目的，达到了满意的效果。我们可以从德、智、体、美、劳等传统德育的内容上，看出环境教育的特点。

第一，环境教育扩大了德育范围，把德育扩展至观照人与环境的关系方面，把人与

环境的和谐相处作为教育的重点，使受教育者感同身受。改变了德育高高在上的观念，使得德育终于"接地气"了，这样就丰富了德育的内容，改变了德育教育脱离实际的情况。第二，环境教育是一个综合教育，传授的是综合知识，体现了多学科融合的特点。改变了德育作为思想教育单一课程的现状，使得学生在学习知识时学习到本学科以外的知识。提高了学生获取知识的信息量，改变了德育内容匮乏滞后的现状。第三，大学生社团组织的户外环保体验活动、植树活动、探寻母亲河等活动，不仅丰富了环境教育的手段，更是满足了不同年龄、爱好、个性等受教育者接受教育的要求，体现了趣味性、实践性的特点。在实践之余学生也得到了锻炼身体、磨炼意志的机会。同时在活动中学生也学会了关爱，达到了德育的目的。第四，环境育人和环保社会实践活动，潜移默化地教育着学生，陶冶着学生的情操，影响着学生的审美情趣，改变着学生的生活习惯，约束着学生的行为，提高着学生的道德素养，实现着德育的目标，提升着德育的效果。第五，必要的劳动体验可以使学生的环保意识加强，可以改变学生的行为养成教育薄弱的局面，提高学生的行动力，使德育生活从枯燥变得有趣，激发了学生的学习兴趣，达到了提升德育效果的目的。

综上所述，可以看出在德育过程中，不能采取单一的手段、方法、途径，遵循一样的原则，来实施德育教育。

虽然环境教育对高校德育教育有着重要的作用，但是环境教育归根到底有其自身的特殊性。我们不能把环境教育完全等同于道德教育。在德育教育与环境教育的关系上，环境教育是德育不可缺少的重要内容，应主动服从和服务于德育教育。德育教育和环境教育在教育对象和教育目的上有着一致性。因此，两者是相辅相成、有机结合、缺一不可的。只有正确、全面地认识二者之间的关系，才能学会尊重自然、爱护自然、合理利用自然，从而达到人与自然的和谐共处。

第三节　中外高校德育教育比较

我国高校里的德育课程是《思想道德修养与法律基础》课，国外的任何一个国家都没有这样名称的课程。但是，国外的很多国家还是存在德育课程的。例如，亚洲的日本、新加坡和韩国。新加坡的德育课程叫好公民课，而韩国的德育课程叫伦理课。再比如，美洲的美国，美国的德育课叫公民学。而欧洲的英国和德国也有德育课，英国课程的名称叫道德课，而德国叫公民教育学。虽然我国和国外这些国家的课程名称不同，但都属于德育课的范围。国外德育课程非常重视实践教学，下面笔者就探讨一下国外的德育课程实践教学方面的内容。

一、国外高校德育教育

（一）亚洲地区大学的德育实践教学

我国和亚洲的其他国家在文化上有很多相同之处。在此笔者就介绍一下两个亚洲国家的大学所实施的德育教育。

第一，韩国。韩剧在我国是老少皆宜，在韩剧中我们可以看到韩国人的礼仪和修养。原本中国是礼仪之邦，可是，在我国的社会实践中已经无法和韩国相比了。韩国所取得的这些成就是和韩国的德育教育无法分开的。韩国在德育教育中采取了什么样的教育方式呢？韩国大学和中国在课程设置上是一样的，都采取了专门德育课的方式。而且，德育内容还渗透到其他的专业课程中。除此之外，韩国注重校园文化建设。例如，班级环境整洁、校园组织合理，让学生形成良好的习惯。同时，韩国也注重社会实践活动。

第二，新加坡。新加坡这个国家给我们最主要的印象是干净。仅从这一点就可以看出新加坡国民的素质。新加坡国民的素质与这个国家的德育教育是无法分离的。新加坡的德育教育重要途径有二：一是课堂教学，二是实践活动。课堂教学的方式也是开设正规的道德课。同时，把德育教育的内容渗透到不同的专业课程中。这样的方式使得大学的德育课程取得了较好的效果。实践活动，就是组织学生参加社会实践，并且计入成绩。实践活动包括很多方面，主要是学校组织校内实践与学生积极参加的校外实践活动。总之，新加坡不放过任何一个对公民进行德育教育的机会。

（二）欧洲地区大学的德育实践教学

欧洲地区有很多个国家都有德育教育的内容，在这里笔者仅就德育教育做得比较好的国家，也是我们大家把这个国家的公民称之为绅士的国家——英国。一提到英国人我们的印象就是彬彬有礼的绅士。看到这些绅士的行为我们也会不自觉地想，这些绅士是怎么培养出来的呢？下面我们就去探讨一下英国的德育教育。英国德育的途径是课堂教学，道德练习，学生指导和环境的熏陶。在这些途径中课堂教学和其他国家的课堂灌输式的教学是不同的。它采取的课堂教学方式是提供给学生素材，让学生自己去判断。判断的标准是社会的道德观念。

道德练习，是学校经常设计一些场所让学生身临其境去感受。在这个过程中让学生体会德育的内容，从而达到对学生德育教育的目的。至于学生指导和环境熏陶，让学生去对有心理问题的学生进行指导。而环境熏陶主要是校园环境对学生耳濡目染来达到德育教育的目的。英国大学的德育管理也独具特色，和其他国家明显的不同主要是通过规章制度的方式去规范学生。最具代表性的就是牛津大学 1984 年出版的《学监备忘录》。同时，在英国，导师除了管理学习问题，还会有专门的教师管理学生品德、社交方面的问题。英国大学的德育教育评价主要是用绅士的标准去要求学生。除此之外，还要求学生具有现代的道德观念。总之，英国的德育教育取得了很好的成绩，也有很多是我们要学习的。

（三）美洲地区大学的德育实践教学

美洲地区大学的德育教育开展得也很好，在此不一一列举。仅选择一些比较有代表性的国家来进行探讨。这个国家就是美国。美国在当今世界经济和科技发展是最好的。美国取得的这些成绩也是和这个国家的德育教育、国民素质的提高分不开的。我们看看美国大学是如何进行德育教育的？

首先，美国大学德育教育的内容是以爱国主义和法制观念为核心的。对大学生爱国主义和法制教育主要是通过课堂教学和环境影响的方式来进行。这个课堂教学在美国有两种形式，一种形式是正式的课堂教学。这种方式就是学校向学生灌输道德观念和国家的价值观念。另一种方式就是在其他的课程中渗透德育课程的内容。这个其他的课程是指除德育课程以外的任何课程。

其次，美国大学很重视培养大学生的健康人格。对大学生健康人格的培养是通过心理教育体现出来的。心理教育的方式有很多，主要是心理咨询、心理测试、心理辅导等。通过这些心理教育的方式，培养学生艰苦奋斗、坚忍不拔的品格。不但如此，还培养大学生如何建立良好的人际关系。心理教育的途径主要就是心理咨询，这可以把大学生的心理问题解决在萌芽之中，可以减少很多大学生犯罪问题。心理问题对人的一生都有很大的影响。心理疾病的解决，对树立健康的人格有着至关重要的作用。

二、国内高校德育教育

2005 年中共中央、国务院颁布了《中共中央、国务院关于进一步加强和改进大学生思想政治教育的意见》。在这个意见中提出"努力拓展新形势下大学生思想政治教育的有效途径"。由中共中央宣传部、教育部颁布了《中共中央宣传部、教育部关于进一步加强和改进高等学校思想政治理论课的意见》。在这个意见中提出了"提高思想政治理论课教学质量"的指导要求。同时，在 2008 年 9 月由中共中央宣传部、教育部颁布了《关于进一步加强高等学校思想政治理论课教师队伍建设的意见》。在这个意见中明确规定了"完善实践教学制度"。基于这些政策，我国的高等院校结合本校和当地的实际情况，认真贯彻落实这些政策内容，逐步把实践教学引入思想政治理论课的教学中。在政策落实过程中各高校的领导很重视也很支持。其次，各高校的教学部门能够精心组织实施。再次，学校的行政部门主要是教务部门和各个教学单位都能够认真地制订实践教学的方案和计划，并且对思想政治理论课的实践教学能够统一实施。从此，思想政治理论课的实践教学在我国的高校中蓬勃地开展起来。这个教学实践的开展包括理论上的研究和实践中的操作。下面笔者就介绍一下我国关于《思想道德修养与法律基础课》实践教学的理论研究。目前为止对《思想道德修养与法律基础》课实践教学的含义的理解主要存在两种观点，即狭义的实践教学与广义的实践教学。我国的思想政治理论教育现在很多专家和学者主要研究思想政治理论课的实践教学的含义、作用和理论基础，以及实践教学取得的成就、当前实践教学存在的问题。但是，我国对思想政治理论教育的研究主要还是理论方面的。关于实践方面的内容也有研究，只是还没有形成系统的理论，而且在实践教学的实施上也是很少的。

第四节　实践育人：高校德育教育之根本

我国"实践育人"理念由来已久，文化背景和理论基础深厚。其中以马克思主义实践观、传统"劳动教育观"和"道德实践观"为主要依据。高校教育遵循"育人为本，德育为先"，德育最重要的方法是德育的实践，德育最有效的载体是实践活动。

《说文解字》对教育的解释是：教，"上所施，下所效也"；育，"养子使作善也"。教是教人向上，育是教人向善。教育不仅仅是学习专业知识和专业技能，还要引导学生从善。"善"不仅指内在的德行，也指外在的行为。也就是说，教育离不开实践，只有通过实践才能达到其目的。因此，实践育人是教育的应有之义。过去，高校德育教育采取空洞式说教和理论式灌输教育。普遍存在重视理论教育，忽视实践环节，出现理论与实践脱轨。新时期，高校将实践育人作为创新教育的一种新模式，是高校培养优秀人才的重要方法，实现德育教育目的的有效途径，在高校德育教育中发挥着重要的现实意义。

一、实践育人的理论依据

"实践育人"理念是基于马克思主义实践观而形成，其理论思想与我党的教育方针、我国教育的本质以及人的成长规律有着紧密的联系。所谓实践育人，是指"遵循大学生成长成才规律和教育活动规律，以学生在课堂教学中获取的理论知识和间接经验为基础，以开展与学生专业发展和成才成长密切相关的各种实践活动为途径，以引导大学生坚定跟党走中国特色社会主义道路的理想信念和不断增强服务国家服务人民的社会责任感、勇于探索的创新精神、善于解决问题的实践能力为基本目标的一种教育实践活动"。高校教育遵循"育人为本，德育为先"的教育目的，通过实践活动，促进学生的"知行合一"。其本身就是一项实践活动，一种德育教育。其理论依据主要表现在：

（一）马克思主义实践观

马克思认为"社会生活在本质上是实践的"。学校教育作为社会生活中的一部分，其本身也是一项社会实践活动。学生在接受学校教育过程中，参加的一切活动都称为实践。马克思主义最重要的理论品质即坚持一切从实际出发，理论联系实际，实事求是，在实践中检验真理和发展真理。在当今国际国内发生着巨大变化的时代背景下，国家需要高素质、高能力、好思想的人才。当代大学生是否符合社会发展的需要，是否能真正掌握所学理论知识，是否能做一个对社会、对国家、对人民有用的人，关键还在于践行，在于实践体验，在于向社会学习。马克思辩证唯物主义认为，实践是认识的来源。认识是从实践中产生，为实践服务，随实践发展，并受实践检验。实践是物质性的活动，具有直接现实性，实践育人也具有现实意义；实践是社会的历史的活动，具有社会历史性，实践育人也具有社会影响力。因此，我国教育的目的从根本上是要培养社会主义现代化建设人才，培养知行统一、学用并重的人才。

（二）传统"劳动教育观"

我国教育的本质是促进学生的身心健康。在中国传统教育中，人们提倡教育与生产劳动相结合。在教育中得到劳动，在劳动中获得教育。这种劳动教育观与我国的教育本质一脉相承。颜元曾说："吾用力农事，不遑食寝，邪妄之念，亦自不起。""养身莫善于习动，夙兴夜寐，振起精神寻事去做，行之有常，并不困疲，日益精壮。"劳动可以激发一个人奋发有为的热情，不仅使人们在实际生活中体验生活的真谛，找到生活带来的充实感，而且让人们的心灵得到极大的安慰，使人"正心"、"修身"、去除邪念。近代教育家陶行知提出"生活即教育"的思想，强调"过什么生活便受什么教育"。他说"生活教育就是教、学、做合一"，强调教育与实际生活密切相结合。毛泽东说："人的正确思想，只能从社会实践中来。"强调教育要与生产劳动相结合。他认为社会实践本身是一个劳动过程，将理论知识应用到实践中，体现了实践与认识的辩证统一。

在今天看来，人们对"劳动教育观"的理解，超过了传统劳动本身的价值。把"劳动教育"引申为社会实践活动，即教育与社会实践活动相结合。当前教育提倡的"德、智、体、美、劳"全面发展，其中的"劳"不是简单地从事生产劳动，而是要求学生在学习过程中，通过社会实践学习劳动知识和劳动技能，将自己所学专业理论知识应用到生产劳动过程中，达到理论联系实际、学用结合的学习目的。

（三）传统"道德实践观"

中国传统道德教育主要表现在："德教与修身"合一，"知道与躬行"合一。孔子在传授道德教育中主张身体力行。《论语·学而》开篇即讲"学而时习之"，其"习"强调学习要不断地温习。在学习之后，对知识进行再加工，在不断实践的过程中真正掌握所学知识，才能达到学习的真正目的。孔子认为"行"比"知"更重要。他在《述而》中曾说："多闻，择其善者而从之，多见而识之。"提倡学习要闻多识广，见多识广。通过"行"丰富自己的知识和阅历，强调学习中"行"的重要性。荀子则继承和发展了孔子的"学而知之"的思想，形成了实践教育观。他明确指出，"行"是检验"知"正确与否的标准。他在《荀子·儒效》中说："不闻不若闻之，闻之不若见之，见之不若知之，知之不若行之，学至于行之而止矣，行之明也。"强调"行"不但是认识的目的，而且是真正掌握所得知识的必要途径，是付诸道德实践的有效方法。宋儒朱熹的《朱文公文集》卷五十四："夫学问岂以他求，不过欲明此理，而力行之耳。""故圣贤教人，必以穷理为先，而力行以终之。"强调将学到的伦理道德知识付诸实践，转化为道德行为。当代高校强调实践育人，是对大学生德育教育提出的要求，要求大学生通过社会实践活动塑造个人优秀的思想品德，增强个人道德意识。

二、实践育人在高校德育中的重要意义

（一）有利于提高高校德育教育目标性

首先，社会实践是高校提高大学生综合素质和培养优秀人才的一种有效途径，是高校德育教育的重要方法。高校德育教育的目标是培养大学生具有为人民服务、奉献社会的使命感和责任感；帮助大学生逐步树立正确的世界观、人生观、价值观；养成合理有效的、科学的思维方法；自觉遵纪守法，依法维护自身权益；具备良好的道德品质和健康的心理素质；热爱专业，勤奋学习，勇于创造，大胆实践；具有良好的职业习惯及安全意识和环境意识等。在新时期，高校实现以上德育目标的有效方法是社会实践。其次，大学生参加社会实践，学生在实践中，可以认识自我，发展自我，完善自我。同时，具有一定意义和价值的社会实践活动给大学生营造一个良好、和谐的学习氛围，让学生在健康、积极、向上的学习环境中不断成长成才。大学生在实践过程中养成自省、自觉、自律能力，使大学生更能清楚地认识到社会实践是个人了解社会，认知社会的一个桥梁和纽带。最后，实践育人使高校能更好地突破"象牙塔"式的德育模式，让学生在实践中获得工作经验，丰富个人阅历，树立正确的世界观、人生观、价值观，为将来踏入社会做好准备。实践育人使高校快速地把握大学生的德育水平，了解大学生的德育状况，认识大学生的德育能力。促使高校在将来的德育教育中更好地选择德育教育内容和方法，更好地提高高校德育教育的目标。

（二）有利于增强高校德育教育实效性

高校德育教育是对大学生进行思想、政治、道德、心理等方面的理论知识，是教育者按照社会要求对受教育者采取的一系列有利于大学生成长成才的实践活动。高校德育教育的实效性，是指一定的德育教育目标在受教育者中的实现程度。高校德育目标在受教育者中的实现程度是衡量高校德育教育实效性的一个重要标准。高校德育目标在受教育者中的实现程度可以通过社会实践来检验，在实践中检验德育教育的实效性。高校以实践活动为载体，在实践中传授理想信念教育；爱国主义，培育和弘扬团结统一、爱好和平、勤劳勇敢、自强不息伟大民族精神教育；集体主义精神、社会主义人道主义精神教育；社会公德、家庭美德教育；以诚信、敬业为重点的职业道德教育；心理健康教育等。高校以实践育人为检验标准，衡量高校德育教育实效性。通过实践活动把握大学生的德育需求，增强高校德育教育实效性。

（三）有利于激发高校德育教育创新性

高校德育教育的创新不仅体现在德育教育内容，还表现在德育教育方法方面。一方面，目前高校德育教育的方法主要停留在辅导员说服教育和思政课灌输教育上，过于重理论轻

实践，使德育教育没有付诸实践，使高校德育教育实效性不理想，没有实现德育教育的真正目的。而实践育人不仅能使大学生真正将所学理论知识由内化转化为外化，变成符合实际的道德行为，而且使高校在实践中找到创新德育教育的方法，改变教育模式和途径。另一方面，实践育人有着深厚的理论基础，其中实践是检验真理的唯一标准，是马克思主义实践观的重要理论品质。它指导着高校德育教育的实践，其本质是激发高校德育教育的创新性。实践育人使高校通过实践活动，可以清楚地认识德育方法是否具有有效性、可行性；了解大学生的德育素质，有针对性地调整德育内容，创新德育方法。高校德育坚持与时俱进的重要途径，通过德育实践，了解社会对人才的要求和评判标准，从而及时把握高校德育教育新动态，促进高校德育教育创新。

三、在高校德育中发挥实践育人功能的对策与建议

（一）加大"实践育人"理念的宣传力度

"教育与生产劳动相结合"是我党的教育方针，是中国优秀传统文化教育思想精华。"教育与生产劳动相结合"，不能简单地理解为一种教育方法，也不能理解为学生在学完课本知识以后参加的教学活动或教学实践。"教育与生产劳动相结合"，不仅体现在大学生教育与社会实际生活相结合，而且要求学生在社会实践活动过程中树立自己正确的世界观、人生观、价值观。与人民群众在一起时，树立为人民服务的高尚品质。贯彻"教育与生产劳动相结合"的教育方针，学校必须加大实践育人的宣传力度，使劳动观教育思想渗透到学生的日常生活学习中，逐渐加深学生对实践育人教育思想观念的认识。同时以学校实践基地为载体，实现学校实践育人的教育目的。在中国，劳动观教育思想，有上千年的历史，对后世教育思想有着深远的历史意义。

（二）完善实践育人机制，创新实践育人平台

首先，转变实践育人观念，把德育放在实践育人的首位。我国古代道德教育强调道德学习与道德实践相统一，促进学生的"知行统一"。学校强调实践育人，其目的是培养全面发展的大学生，这也是德育的目的。而达到德育目的的重要途径是开展各种有益的社会实践活动。因此，只有重视德育的地位，学校开展实践育人活动才会拥有更大的空间，实践育人工作才会进展得更加顺利。德育是否被受到重视，直接影响到学校实践育人工作长效机制的建立和完善。德育强调学习要坚持理论与实际相结合，在实践活动中不断完善自我，提高自身的思想道德素质、科学文化素质、身心健康素质；这些素质的提高，只有在实践中才能实现，得以发展。其次，完善实践体系内容和评价机制。加强高校实践育人体系建设，加大实践教学课程和课时，构建实践育人管理政策和机制。突出学生的实践内容和实践目标，采取分层分级分类开展社会实践活动，做到因材施教，合理分配教育资源，使学生积极投身于社会实践活动中，提高学生动手、动脑、动口能力，实现学生的全面发展。完善实践评价机制，制定量化标准，将实践工作落到实处，定期抽查实践效果。最后，创

新实践育人平台。有人认为，"创新实践平台，突出实践育人，实践活动是德育的重要环节"。高校应在现有实践平台的基础上整合实践教学资源，搭建实践教育基地，采取"高校—企业—政府—研究所"联合创建实践平台，实现高校资源与社会资源融合，创新实践基地。

（三）实践育人必须坚持以人为本

对教育而言，以人为本就是强调教育要以学生为中心，以学生的学习为主，以学生的身心发展为辅，教育学生成长成才。当代大学生是民族的希望、祖国的未来，肩负着重要而神圣的历史使命和责任。这就要求高校德育教育注重学生个人品德的培养，和大学生综合素质的发展。这些德育能力的培养最终落实到实践上。行之有效的方法是通过实践育人培养好思想、强能力的人，实现高校德育注重大学生个体发展，其目的是培养适合社会需要的、优秀合格的大学生。实践活动的主体是学生，学生在实践活动中是直接的受益者。因此，实践育人以学生的发展为出发点和落脚点。以人为本是中国传统文化教育思想的核心，任何实践活动都要学生去参与，学生个人能力和素质在实践中不断发展和提高，学生是活动的执行者和参与者。充分尊重学生的主体地位，激发学生参与活动的热情和积极性；增强实践育人效果，实现高校德育教育目的。

第五节　高校德育教育中的底线思维

高校培育社会主义核心价值观，首先要培植一种有益于国家、社会和他人的道德。而要做到这一点，需要我们依托底线思维的方法，适时调整高校德育教育的具体目标和行动策略，以形成基于共同德育愿景的领导者、管理者、教师和学生一起参与的教育合力，提升政治教育、思想教育和道德教育的成效。

社会转型期，高校学生的总体道德水准"一再"下滑。产生这一现象的原因很多，其中重要的因素是缺乏可操作的道德教育细化标准。如果运用底线思维，设置切实可行的大学生道德"底线"，并据此开展教育、引导和管理，就有可能在学生道德水平实现"托底守基"后，通过逐步提高底线标准，慢慢实现总体道德水平的"绝地回升"，进而辐射惠泽到整个社会。

一、从底线思维的内涵看，高校道德教育需要适时调整具体目标和行动策略

习近平同志指出，"要善于运用底线思维的方法，凡事从坏处准备，努力争取最好的结果，做到有备无患、遇事不慌，牢牢把握主动权"。所谓"底线"原指"足球、篮球、羽毛球等运动场地两端的界线"。引申后指人们社会活动范围不能超越的纵横两端界线（权

利的权限界线与义务的责限界线、活动结果的成功代价与失败后果之认定界线）。现指人们在社会实践活动中对于某种事态的心理可以承受或能够认可阈值的下限，或某项活动进行前设定的期望目标的最低要求或最起码保证，是指不可逾越的红线、警戒线、限制范围、约束框架。"底线思维"是一种包括辩证法、实践论在内的系统、科学的思维方法。是以底线为导向的一种思维方法和心态，它立足最低点，争取更大期望值，要求做最坏的打算，追求最好的结果，所谓"置之死地而后生"。

我国高校的传统道德教育，是"圣人"的道德设计，过分注重超越性道德教育而忽视底线道德教育，最终的结果是由于忽视基础道德底线，不但没有让学生"成仁成圣"，反而使一些大学生忽略了最基本的道德规范，导致高校学生的总体道德水准"一再"下滑，道德底线"一再"失守。党的十八大提出了"用社会主义核心价值体系引领德育工作，着力培养合格建设者和接班人"的德育目标。我们必须高度关注的其中一个关键词是"合格"而非"优秀"。按照"合格"的目标要求，在社会转型期，高校必须更加重视底线道德教育。在认真调研的基础上，确立具有可操作性的道德教育底线，明确告诉师生"禁止什么"，即要求学生做到哪些"不"才算合格。并在此意识和理念灌输的基础上切实加强管理和引导，使学生履行基本的道德义务并将道德认知内化为正确的言行习惯，力争全体学生都能守住"合格"这一道德底线，成为合格公民。在底线道德教育的同时，高校再结合实际开展超越性道德教育，明确告诉学生"倡导什么"，引导学生追求具有美德伦理的高尚道德，进一步实现道德行为修养的更高境界，努力使更多的学生成为超越性道德的身体力行者和广泛传播者，做人类文明的"天使"。

二、从我国高校的德育教育内涵看，要提高德育教育成效必须坚持底线思维

高校德育工作的基础目标是学生道德"合格"，要实现这一目标必须坚持全员育人。而要形成师生合力，高校必须设置具有可操作的道德"合格"底线并认真实施，最终实现德育内容一体化和教育效益最大化。

（一）对于领导者，明确底线才能设置更加合理的德育目标

领导是率领并引导某个组织朝一定方向前进的核心力量。领导者的主要作用是定方向、定目标、定职责，形成共同的发展"愿景"。高校领导在顶层设计、谋篇布局、战略规划道德教育时，必须把底线放到总体战略全局中去思考。只有领导对于德育工作有相当明确的"合格"目标，有非常清晰的政治、思想和道德底线，才能在顶层设计时做到目标清晰、措施得当。学校如果面向全体学生设置了绝对不能逾越的"合格"底线，可以让管理者和基层辅导员（班主任）把握管理边界，让教师把握教育尺度，让学生把握行为红线；并通过教育、引导和管理的相互协同，使学生明白一旦触碰底线就会受到惩罚或谴责；从

而倒逼学生践行道德要求，成为"合格"公民，使群体道德不会"一再"滑坡。

（二）对于管理者，明确底线才能开展有效监管

管理是负责并促使某项工作顺利进行的过程，一般包括管辖、处理、约束、运用和安排等内涵。高校管理者是确保道德"底线"坚守的重要人员。要使道德教育不让"底线"变成"虚线"，关键在于是否坚持了"底线"基础目标，是否建立了与"底线"目标相配套的规章制度，是否能够将规章制度严格持久地认真执行。纵观传统的道德管理工作，虽然一直在"高调"开展，但是成效向来只能"低调"收场。为此我们在进行底线道德教育时要做到"四个坚持"。一要坚持以人为本，真正做到以生为先、以生为重、以生为尊。要在制度设计时把学生看作有思想、感情、个性和精神的个体，而不是把学生视为简单的"填充美德品格的袋子"或者"口号式德育条目的接收器"。二要坚持问题导向，深入学生开展现状调查。发现问题，解决问题，并使之转化成可以执行的长效机制。三要坚持公开公平，要依托传统和新兴媒体，向学生广泛教育宣传道德底线，并建立公平的运作机制。四要坚持奖惩分明，对于那些不遵守道德底线的学生，除了进行谈话教育外，要按照制度予以惩戒，使他们养成敬畏道德底线的习惯；对于那些具有"正能量"的行为，要及时肯定、予以表彰，发挥道德引导的积极作用。

（三）对于教师，明确底线才能有的放矢教育学生

高校德育的主阵地是课堂，包括思想政治理论课及其他实施渗透教育的课堂。任课教师是一个较大的群体，这个群体里每一位教师的政治、思想和道德基础不同，教学风格和教学特色不同。面对这种复杂的情形，道德的正面引导可以允许教师结合课程大纲"八仙过海，各显神通"。但是底线道德教育必须有全校统一的相同标准，才能使教师不会"迷失"在"如何界定道德底线、如何判断学生的道德行为是否触碰道德底线"里，才能使学生不会迷失在"如何选择不同教师提出的道德要求"里。当然在底线道德教育过程中，可以根据课程的特点有所侧重。比如，思想政治理论课教师一定要直面学生思想认识水平和道德行为习惯的差异，在讲透错误道德观点的表现形式、社会危害、基本特点和演变规律的基础上，坚持底线立场，理直气壮地表明"维护什么，反对什么，什么是正确的方向，什么是错误的方向"，而其他课程的教师则可以结合课程特点和学生实际，按照共同的底线进行教育。努力使学生清楚应当"提倡什么，反对什么，以什么为荣，以什么为耻"。

（四）对于学生，明确底线才能守住自身的道德"合格"线

从大学生的道德实践来看，德行修养形成的关键在于大学生自身主体作用的发挥。每一个学生都是一个鲜活的个体，他们的思想道德基础不同、专业学习要求不同、原有的地域文化不同、个人的情感需求不同……如此复杂庞大的群体，要实现道德"合格"的底线目标，首先需要国家法律、学校制度、道德舆论等外部约束，需要管理者和教师对他们进行"他律"。但是"外因通过内因起作用"，对于学生个体的道德进步，更加重要的是在经过教育后的学生"自律"，其最高境界可以设置为"慎独"。对于每一个学生，是一个"面

向社会但是独立前行"的修炼过程。在这一过程中，经常会遇到各种"岔路"需要学生选择。在我国高校丰富的政治教育、思想教育和道德教育体系里，如果学校没有设定清晰的道德底线，就有可能使学生在复杂的社会环境里迷失自己的良心，走向道德滑坡甚至犯罪的道路。所以，从已经成人的大学生"自我教育、自我管理和自我服务"的需求看，高校设置道德底线显得更有必要。这可以使学生知道什么是道德"合格"以及如何坚守这一"合格"，也会使学校道德教育更加具有人性化和生命力。

三、从我国高校的德育教育内涵看，坚持底线思维有利于提高德育教育成效

世界上多数国家的学校德育仅指道德教育，我国则是涵盖整个社会意识形态的"大德育"，主要内涵包括政治教育、思想教育、道德教育等。经过多年努力，尽管高校德育在不断改革和进步，但总体成效并不理想，以目前情况看迫切需要我们运用底线思维。

（一）政治教育坚守底线可以避免空洞化、口号化

高校政治教育是指使学生形成一定政治信念和政治信仰的教育，核心内容是爱国主义、社会主义、集体主义教育，理想教育和国防教育等。传统的政治教育采取的主要办法是"高大上"的口号化。比如，曾经的目标是"坚持四项基本原则，提倡勤奋学习、遵守纪律、热爱劳动、艰苦奋斗、英勇对敌的革命风尚，把青少年培养成为热爱社会主义祖国，忠于无产阶级革命事业，有远大共产主义理想，有共产主义道德品质的一代新人"。在此目标框架引领下，高校无所适从，就用形式主义的行动对付教条主义的口号。以爱国主义教育为例，高校非常普遍的做法是仅仅把清明节祭扫烈士墓、参观爱国主义基地、唱红歌等当作爱国主义教育形式。导致学生普遍认为爱国主义的内涵就是这些"仪式和程序"，只要参加这些活动就已经是爱国的表现了。最终的结果是使他们认为"爱国"是口号的、抽象的、空洞的，并没有实际的内容。

但是，如果在政治教育中运用底线思维，教育就会变得具体、实在、可操作。还是以爱国主义教育为例，如果高校在教育和管理中，研究设置不爱国言行的"底线"，效果一定更佳。比如，告诉学生一个真正热爱中国的人，要守住下列重要底线：一要以实际行动维护祖国的形象和尊严，国际交流时遵守世界文明礼仪和当地文化习俗，主要底线是"不因自己的不当言行给国家蒙羞"；二要在任何时候都遵守法律法规和社会公德，主要底线是"不给社会添乱"；三要与民族兄弟友善相处，主要底线是"不给民族团结添堵"；四要维护国旗的尊严，主要底线是"不故意损毁五星红旗"。

（二）思想教育坚守底线可以避免极端行为

高校思想教育是使学生形成正确的世界观、人生观和价值观的教育。我国高校传统的思想教育似乎非常重视"三观"教育，因为所有的思想政治教育工作者都知道自己"要教

育引导学生树立正确的世界观、人生观、价值观"。而且不少教育人士还经常将其挂在嘴上、写在纸上，以显示其高度关注程度。但是，绝大多数高校的"三观"教育都仅止于此。曾经进行了一次小范围的学生调查，询问的问题是"什么是世界观、人生观、价值观？""你认为你的世界观、人生观、价值观正确吗？"学生普遍的反映是一脸茫然。因为他们几乎都认为"三观"只是抽象的概念、机械的说教，与自己没有更多的瓜葛和联系。

但是，如果在高校学生思想教育中运用底线思维，世界观、人生观、价值观教育就可能变得具体、形象，可以避免极端行为。以"三观"中的人生观教育为例，目的是培养学生对人生价值、人生目的和人生意义的基本看法和态度，从而确立自己在社会生活实践中做人的基本准则。为此人生观底线教育主要包括，一要倡导阳光乐观、积极向上的态度，其主要底线是"遇到再严重的挫折时也不让极度悲观消沉、萎靡不振的不良情绪持续2周以上"；二要倡导控制自己的欲望，其主要底线是"不成为极端享乐主义者和拜金主义者"；三要倡导无所畏惧、顽强不屈的态度，其主要底线是"不成为极端个人主义者，决不看破红尘、厌世轻生"。

（三）道德教育坚守底线可以避免整体道德水平"一再"滑坡

高校道德教育是促进学生道德发展的教育，核心内容是社会公德、职业道德、家庭美德和个人品德（"四德"）教育。总体上说，与传统的政治教育、思想教育相比，我国高校的传统道德教育形式比较丰富、内容比较贴近学生实际。但是由于社会公德、职业道德、家庭美德和个人品德的内容非常广泛，几乎涉及学生为人处世、安身立命的所有领域，导致目前很多高校的道德教育不够全面不够系统、与学生的生活实际结合得不够密切，致使学生个体的道德意识与道德行为存在比较大的差距。一些大学生嘴上说一套、实际做的是另一套。不能正确处理义利关系，有时会为了一己私利轻易丢弃道德、正义甚至法律。

但是，如果在高校学生道德教育中运用底线思维，积极开展德育生活化实践，设置符合国际视野、时代要求和现实需要的道德底线，道德教育就可能变得是直观的、"踩得住刹车的"、可以避免道德"一再"滑坡的。以"四德"教育中的家庭美德教育为例，重要的道德底线包括：一是尊老爱幼要倡导孝顺父母养育孩子，主要底线是"不遗弃老人小孩、不对家庭弱势人员施以硬暴力和冷暴力"，在更宽泛的社会领域要倡导尊敬长辈，主要底线是"不侮辱长者的人格和尊严"；二是男女平等要倡导两性在政治、经济、生活中享有同等的权利并承担同等的义务，主要底线是"不剥夺妇女的基本权利、不剥夺女孩的受教育权利"；三是夫妻和睦要倡导相互尊重相互信任，主要底线是"不背叛、辱骂、施暴配偶"；四是勤俭持家要倡导勤劳养家、量入为出、适度消费，主要底线是"不能不劳而获、不做啃老族"；五是邻里团结要倡导尊重邻居的人格尊严、合法权益、生活方式和生活习惯。主要底线是"不危害邻居的安全、不侵害他人的利益、不搬弄他人的是非"。

第六节　优秀传统文化视角下的高校德育

习近平总书记高度重视大学生思想政治教育工作，强调"要坚持把立德树人作为中心环节，把思想政治工作贯穿教育教学全过程，实现全程育人、全方位育人"，这对高校的德育工作提出了新的要求。高校德育实践要立足于"我国独特的历史、独特的文化、独特的国情"，特别是独特的传统文化这一精神基因。以文化人，育人之心，教人于行；通过文化潜移默化地影响人、培养人，这与立德树人的根本任务具有内在一致性。

一、文化交融成为高校德育新背景

党的十九大报告认为当前全球格局呈世界多极化、经济全球化、社会信息化、文化多样化发展态势。随着我国改革开放的全面深入推进，各种文化思潮不断涌入，多元文化交融并存、多元价值观交互激荡成为当前高校德育工作必须直面的现实环境。因此，对高校德育工作来说，文化交融是一把双刃剑，合则促进高校德育发展，冲则抑制高校德育实践效果。

（一）外来文化影响日强

早在 20 世纪 90 年代初，时任联合国秘书长加利提出，第一个全球化的时代已经真正到来，从此"全球化"这一词语成为各个领域的热词。最初的全球化主要是指经济的全球化，但其影响迅速扩展到了政治和文化领域。特别是对于民族国家来说，全球化不仅直接影响着民族国家的经济运行方式和管理方式，更是深刻影响着民族国家的意识形态和文化形式。"无论从历史还是从现实看，全球化都具有明显的泛政治化，这是我们认清当今全球化性质的一个重要视角。"改革开放，特别是随着加入 WTO，中国由被动的开放到主动地融入。在这一过程当中，各种思潮、文化理论纷纷涌入，对我国传统文化、价值观念、思想意识形成显著影响。一个显著的特点是，全球化泛起的多元文化假借先进的信息技术，迅速传播到世界各地，影响青年大学生的思想发展和价值判断。随着德育环境日益复杂，高校德育实践要主动调和传统与现代的关系，化解中国与西方的文化碰撞，培育大学生树立正确的价值观。《中共中央关于全面深化改革若干重大问题的决定》提出要"提高文化开放的水平""扩大对外文化交流""积极吸收借鉴国外一切优秀文化成果"。这意味着高校要自觉地融入世界，主动创新推动德育实践创新；特别要处理好一元主导与多元发展的关系，处理好中西文化激荡、交融过程中继承借鉴与批判创新的关系。

（二）网络文化速疾难控

习近平总书记指出要"运用新媒体技术使工作活起来，推动思想政治工作传统优势同信息技术高度融合，增强时代感和吸引力"。中国大学生每天用在智能手机上的时间约为5小时，且呈现明显的碎片化、虚实交互和去中心化特征。这使得利用新媒体开展德育成为必要路径。当前，大多数高校，已经意识到使用新媒体开展德育工作的重要性。微信、微博、易班等这些新媒体平台成为聚集青年的平台。同样，新媒体对于高校德育实践来说是一项全新的挑战，仍然存在着对新媒体重要性认识不足的问题，也存在一定的应付和懈怠心理，存在着"样子工程"建设的心态。对于德育实践新媒体平台优势在哪儿？怎样做到既体现立德树人这一中心工作，又符合大学生的喜好需求？这样一些新媒体建设的关键问题思考不够深入。在新媒体建设上，特别是在内容建设上有"碎片化"的特点，缺少一个"内核"的引领，即事务性的信息多，导致德育实践的"碎片化"；在德育生活化方面存在明显的虚实交互、虚实难辨的特点，学生德育实践的切身体验不够；在话语权方面存在"去中心化"的特点，教师在第一、第二课堂的话语权消解。这些都需要在后续的网络德育实践中加强推动、创新发展。

（三）教育对象代际更迭

德育的对象是青年大学生，立德树人也是针对青年大学生，所以德育实践一定要认识清楚德育的对象。青年大学生是一个特殊群体，更是一个层次分明的群体，每一代青年大学生都因为特殊的群体特征、思想意识、价值观念而被赋予鲜明的代称，如80后、90后、95后和00后，这虽然是一种以出生年代为分界限的划分，但是又确实存在着明显的代际特征。这与改革开放以来，我国社会发展的多样性是密不可分的。而且社会的变化周期越来越短，多样性的具体内容指代也更加丰富。社会发展的多样化带来人的价值取向的多样化，进而对主导价值观的培育产生影响。这样的环境对个性丰富的大学生来说，更加刺激了他们主体意识的觉醒和个体的差异化。这种代际特征明显的趋势，要求高校德育实践在内容、载体、形式等方面实现多样化，以适应青年大学生代际特征不同所造成的思想意识及价值取向的多样性、多重性和矛盾性。目前很多高校在德育实践中，仍然把青年大学生作为单一群体。在制定德育目标，规划德育内容，设计德育形式的时候，以一概全，没有分层分类。在行动上缺乏创新一刀切，针对不同代际的大学生采用同样的手段和方式，针对性和实效性不强，不能获得理想的德育效果。

二、优秀传统文化的德育功能发挥

五千多年文明历史所孕育的中华优秀传统文化是新时代中国特色社会主义文化的根源所在。习近平总书记指出优秀传统文化是一个国家、一个民族传承和发展的根本。如果丢掉了，就割断了精神命脉。高校德育要挖掘优秀传统文化中的育人资源，引导青年大学生树立正确的历史观、民族观、价值观；要发挥优秀传统文化的凝聚功能，增强文化认同和自信。

（一）汲取优秀传统文化精髓，丰富德育思想宝库

德育的历史源头可以追溯到春秋时期，其价值追求是立德，体现了德育具有厚重的历史基础。春秋时期《左传》载"太上有立德，其次有立功，其次有立言，虽久不废，此之谓不朽"。可见古人把"立德"置于"立功""立言"三不朽之首位。新中国成立之后，党和国家的领导人要求高校要做好育人工作，并在不同历史方位有所发展。提出了培育"四有新人""五讲四美三热爱""八荣八耻社会主义荣辱观"、培育和践行"社会主义核心价值观"等德育内容，均重点突出了传统文化中传统道德的核心理念。可见，"中华优秀传统文化是民族认同、安身立命、精神归根与心灵安放的精神家园，是民族凝聚力、创造力与生命力的活水源头"。当前德育工作的重点是培育青少年的家国情怀、社会关怀、人格修养，最终完善青少年学生的道德品质，培养理想人格，提升政治素养。这就明确了高校德育要借助优秀传统文化的精神内涵，使青年大学生在国家、社会、个人三个层面明确努力方向。高校则需要明确德育方向和内容。可见，中华优秀传统文化蕴含着大量精神财富，是抵御以西方文化为代表的外来文化入侵的重要武器。开展大学生德育要高度重视与中华优秀传统文化的融合创新和发展。德育实践是优秀传统文化的展示舞台，优秀传统文化是德育实践的关键内容。高校要充分发挥优秀传统文化的德育功能，提高德育实效。

（二）借力优秀传统文化自觉，夯实师生共识基础

教育部制定的《完善中华优秀传统文化教育指导纲要》(后面简称《纲要》)，对加强中华优秀传统文化教育的重要性和紧迫性、指导思想和重要原则进行了阐述。对如何推进优秀传统文化教育进行了整体上的规划、分层次的设计。《纲要》指出"大学阶段，以提高学生对中华优秀传统文化的自主学习和探究能力为重点，培养学生的文化创新意识，增强学生传承弘扬中华优秀传统文化的责任感和使命感"，最终目标是"引导学生完善人格修养，关心国家命运，自觉把个人理想和国家梦想、个人价值与国家发展结合起来"。可见，优秀传统文化与高校立德树人具有内涵一致性。中国有五千年的文明史，优秀传统文化同样源远流长，其价值体系是数千年来中华民族伟大实践中检验出来的、传承下来的宝贵基因，是全体人民中华认同、精神归根的精神家园，是全民族凝聚力、创造力与生命力的活水源头，是每个中国人都内化于心的一种文化自觉。这种价值体系是当代大学生做出价值判断和提高辨识水平的基础，也是开展德育工作的基础。高校应该深刻挖掘传统文化中的优良要素，为德育所有、为大学生所用。只有这样才能有效弘扬优秀传统文化，不断夯实教学共识基础，提升德育实效。

（三）阐发优秀传统文化内涵，丰富学生发展养分

95后、00后的大学生从小深受外来文化影响。一是娱乐文化影响。95后、00后大学生生活在互联网时代，从小受日韩动漫、欧美电影、歌曲等方面的影响，潜移默化、日渐深入；二是西方节日文化影响，圣诞节、感恩节、情人节等各种西方节日都已成为95后、

00后大学生的重要生活元素和行为习惯，导致一些西方宗教价值观也在润物无声中影响大学生；三是欧美民主制度文化，不少95后、00后大学生对西方民主了解不透，只看表面现象，认为西方民主制度更佳。西方文化从日常生活、重要节点到政治领域都在真真切切地影响着大学生，甚至在潜移默化中形成价值传递教育，导致了一些大学生否定中华优秀传统文化。这些外来文化使得大学生思想成长、道德发展呈现新的发展特点。优秀传统文化中关于人格修养方法和理论，对于如何培养青年大学生良好的人格具有重要的参考意义。要提高德育实效性，须通过巩固文化认同基础，守承文化精髓，创新文化发展，增强德育实践的感召力和针对性。阐发优秀传统文化，既可以为德育注入优秀文化内涵，又可以巩固和扩大师生价值共识基础；借力德育，既可以弘扬传承优秀传统文化，又可以推动优秀传统文化创新发展。

三、发扬优秀传统文化助力德育实践创新

"对历史文化特别是先人传承下来的价值理念和道德规范，要坚持古为今用、推陈出新。有鉴别地加以对待，有扬弃地予以继承。努力用中华民族创造的一切精神财富来以文化人、以文育人。"面对德育实践中的诸多问题，高校要抓住一根主线，即汲取传统文化中的优秀内容，充分发挥新媒体平台的介质作用；丰富文化育人形式，以实践创新增强德育的针对性和实效性。

（一）坚持文化传承，增强德育实践的感召力

当前，国内国际形势日新月异，高校德育面临着政治经济全球化、传统文化发展式微，以及思想文化多元化、人际沟通信息化、社会形态多样化、个性特征差异化等一系列变化。在这样的背景之下，"坚持高校德育一元主导与多元发展的辩证统一"被提了出来。即高校德育需要在目标、内容、载体、方式等方面坚持一元主导，又要保持多元化发展。这一问题目前在各高校中没有什么异议，但是如何处理好这"既与又"的关系却是一个需要深入思考的问题，特别是在"一元主导"这一问题上。作为一个前提，如果把握不好，或者离开一元主导单纯的谈多样化，就容易出现问题。所以在高校德育实践中，特别要把握好德育内容中的核心部分，不能散，也不能多中心。而优秀传统文化的传承，便是优秀核心内容的不断提炼。在当前的社会背景下，一定要坚持传统文化的守正与创新并举。通过优秀传统文化内容的传承，贯穿于青年大学生的感性认知、情感凝练、意志升华、行为践行，从而增强德育实践的感召力。

（二）阐发文化内涵，发展德育实践的新媒体平台

"思想政治理论课是高校思想政治教育工作者对大学生进行集中思想政治教育的主渠道与主阵地。但现实情况是，该课程在学生中还没有成为最受欢迎、最受启发、最离不开的课程，课程教学效果有待提高。"新媒体的不断涌现进一步弱化了传统德育形式和平台的教育效果，利用新媒体进行高校德育实践是必要路径。面对新媒体所呈现出的碎片化、

即时化、去中心化的特点，高校德育需要凝聚内涵，在多样的内容中有核心，多样的形式中有主线，多元的碰撞中有主导。在这一过程中要发挥传统文化的凝聚功能，通过在新媒体平台中优秀传统文化的内涵凝聚、挖掘与阐发，突出新媒体平台在立德树人方面的功能。中华优秀传统文化博大精深，文化的发展需要在这样的基础上传承、守正和创新，让优秀传统文化成为德育内涵之根。新媒体平台的虚拟隐蔽、传播迅速、信息海量等特点，需要传统文化的凝聚。通过新媒体平台建设，传承、传播传统文化，影响青年大学生的行为实践，从而使高校德育工作活起来。

（三）创新文化形式，增强学生实践的针对性

高校德育立足校园，校园文化的育人功能不可忽视。校园文化主要包括有形的物质文化和无形的精神文化。传统文化能够提升校园精神文化的价值底蕴，也能丰富物质文化的内容形式，具有重要的育人价值。高校应该立足校本特色，突出传统文化的融入，体现高校的历史底蕴、文化情怀，以及学校办学特色、精神追求。国内众多高校运用优秀传统文化中的经典内容作为校训便是传统文化融入校园文化。再以创新课堂教学、加强校园文化建设、推动融媒体发展提高大学生的政治认同，就是比较好的文化融合教育的体现。高校的物质文化载体，包括校园景观、建筑物、道路标牌、校史馆、宣传栏、楼宇空间等，都可以将传统文化的内容、代表人物、价值追求融入其中，使冷冰冰的物质变成有内涵、有温度的实体，身临其中就是一种熏陶和学习，就是一种德育。高校的精神文化载体，如学校的校史校训、精神追求、办学理念、校徽校歌、著名校友，甚至是教职员工的精神面貌、言谈举止，都可以通过传统文化的传承以及时代特质的展现，变成一种文化的标志，体现出一种人文情怀。针对高校青年大学生的特点，利用传统文化创新校园文化形式的同时一定要符合青年的群体特征，使得校园文化于青年大学生来说易接受、易学习、易传播，提升德育实践的针对性。

（四）创设文化情境，提升德育实践的实效性

结合当前高校德育的主要形式和载体，要想在文化氛围创设方面有所突破，需要在三方面加强传统文化的融入，包括传统文化融入教学内容体系、提升高校教师的传统文化素养、丰富学生活动的传统文化内涵，从而全方位地将传统文化融入德育实践中。首先，教学工作是高校的中心工作，而课程又是高校教育教学的"求知阶梯"，直接影响着高校德育的目标和进程。传统文化应该融入思想政治课当中，列入课程的教学计划，丰富大学生思想政治教育的内容。在其他专业课的教学当中，立足学校特色，将传统文化课程纳入其中。贴近学校办学实际，通过课堂传授，创设文化氛围。其次，高校教师要懂传统文化，要用传统文化，并牢固树立"立德树人"的意识。明白教育并不仅仅是传授技能，更包括思想的教育和价值观的养成。再次，优秀传统文化教育是一个开放的体系，除了课堂、课程、教师之外，一定要注重在学生喜闻乐见的校内外活动中开展教育。并结合时代文化、流行文化，制作符合网络传播、新媒体平台、手机载体的文化内容。打造文化品牌，构建课堂

内外、校园内外、线上线下相互结合，互相补充的传统文化教育格局。通过传统文化教—学氛围的创设，形成全员育人、全过程育人、全方位育人的育人合力，提升德育实践的实效性。

第二章 现代高校德育教育模式研究

第一节 高校班主任的德育教育新模式

网络是一把"双刃剑"，在带给老师、家长很多烦恼和担忧的同时，也是学生充分利用和交流的一个平台。在网络时代，高校班主任德育方法的变革也需围绕网络展开。如何引导学生正确看待网络世界，培养正确的世界观、人生观、道德观是高校班主任德育工作重心所在。

大学生是即将进入社会的生力军，加强大学生的思想道德建设，是关系国家和民主命运的希望工程，是关系亿万家庭实际利益的民心工程。长期以来，思想政治素质是素质教育中最重要的素质。学校通常将德育教育置于素质教育的核心地位，目的就在于培养学生正确的世界观、人生观、价值观，使其具有创新精神和实践能力，为其将来发展做全方位的准备。

随着信息技术的飞速发展，21世纪人类进入了互联网时代。网络已经逐步深入社会的各个角落，并在广大学生中迅速流行。校园周边大大小小的网吧不时有学生的身影，网上游戏、QQ交友等新型娱乐方式吸引着孩子。而大学生在家庭经济条件允许的情况下，基本人手一台电脑，这就增加了他们"触网"的机会。

然而，网络是一把"双刃剑"，在带给老师、家长很多烦恼和担忧的同时，也是学生充分利用和交流的一个平台。网络作为高科技本身不负载价值选择，使用者一旦失去价值标准，就会面临网络带来的精神和道德上的困境。因此，网络的悄然出现、迅速发展，势必会对中学德育工作提出新的课题。德育方法的灵活性是德育方法的生命力所在。德育方法要随着时代的变化而更新，有时更需要创造性的变革。因此，在网络时代前提下，学校德育方法的变革也需围绕网络展开。高校班主任应该积极主动将网络作为拓展德育教育的新模式。正视网络，加以"疏""导"，而不是采取保守的"围""堵"等方式盲目地将网络与学生隔离开来。如何引导学生正确看待网络世界，培养正确的世界观、人生观、道德观是班主任德育工作重心所在。

一、网络时代大学生的特点

每个时代的青少年都有各自不同的特点，都带有时代的鲜明痕迹。当代大学生生活在网络科技迅猛发展的时代，伴随互联网长大，就不可避免地凸显网络时代青少年的鲜明特点。

90后是当代大学生的主体，他们中绝大多数是独生子女，他们有着90后青少年共有的特点：满嘴的网络语言、QQ聊天交友、网络游戏、听流行歌曲、用火星文、写私人博客……什么热门侃什么，不管健康与否，只要刺激就行。他们追求独立却难以摆脱家庭依赖，张扬个性有时又显得叛逆，乐于助人但又常常显得缺乏责任心。

二、网络对大学生的不良影响

网络为学生提供了一种全新的交往环境和人际交流方式，对大学生心理、行为产生了积极健康的影响。例如，网络为学生提供了大量的新信息、新事物，这些都是书本上所没有的。网络能增强大学生的主体意识、增强自信心和提高心理健康水平。此外，网络还扩大了大学生人际交往范围，丰富了大学生人际交往的内容，使大学生广泛接触到校园外的世界，培养了适应社会生活的素质和能力。

但网络也是一把"双刃剑"，在带给学生诸多积极影响的同时，也产生了许多负面影响。其主要表现在以下方面：

（1）沉迷网络聊天，弱化了大学生在实际社会中的交际能力。

网络聊天工具的开放性、交互性、主体性、超时空实现了学生自由交流和交往的愿望，促进了青少年的迅速成长。但若使用不当，就会给青少年带来负面影响。网络会诱发心理障碍，对大学生的学业造成不良影响，并容易产生人际关系和人格障碍。譬如，网络迷失，自控力不强的大学生往往沉溺于虚幻的环境中而不愿面对现实生活，从而迷失自我。

（2）网络暴力游戏泛滥、网络色情严重，使大学生游戏人生。

大学生一旦进入网络，就如同进入了信息的海洋。网络上虽然能获得学术信息、娱乐信息、经济信息等有用的信息，但泛滥着各种各样的色情信息。有关资料显示，网络色情是导致学生性犯罪的重要原因之一。他们把网络作为情感传递的一种工具，混淆网络社会伦理和现实社会伦理，将网络虚拟恋情误解为社会真实恋情，从而做出种种盲目的事情，时而导致一些网络悲剧的发生。

此外，大学生还可以在网络上获取大量的暴力信息。网络暴力游戏泛滥，飙车、砍杀、爆破、枪战等暴力情节的游戏随处可见。这种暴力信息过度刺激，很容易使大学生的道德认知逐渐模糊，虚拟与现实的差异逐渐淡化。有些学生沉迷网络游戏，准备把自己的理想目标锁定在职业玩家的行列，准备游戏人生。

（3）使用网络信息不当，大学生的道德意识薄弱。

良莠不齐的网络信息泛滥成灾，必然导致一些鉴别能力不强、自控能力较差的大学生在价值判断和选择上产生迷茫。网上信息内容良莠不齐，既有大量科学、进步、健康、有益的信息，又充斥着伪科学、不健康、有害甚至反动的信息。涉世不深的学生受到网络新奇、刺激信息的诱惑，一时很难辨清善恶是非，容易产生道德相对主义甚至是道德虚无主义，需要学校加强引导。

此外，网络抄袭文章现象严重，"拿来主义"占主导，学术伦理抛脑后。只要是在网上能找得到的，就统统实行"拿来主义"。一份关于大学生"你认为在网上最应该具备哪些基本的道德品质"的调查显示，有35.1%的学生不认为在网上复制、抄袭文章是不道德的行为。

因此，我们应把握时机，因势利导，让学生走出"迷网"；合理地运用网络信息，养成良好的行为习惯，建设一个和谐的网络信息教育平台。

三、高校班主任以网络为平台，创新德育教育模式

在网络时代新型教学模式的实践中，教师很重视利用网络进行知识的传递，而忽略了最重要的人的教育，忽略了学生的心理素质，使得一些上网成瘾的学生出现了道德失范的现象。因此，网络的普及迫切需要我们尤其是高校班主任对学校德育工作进行新的思考。网络时代的班主任工作面临着新的挑战，只有结合学生身心发展的特点，研究网络发展所带来的新问题，才能更好地促进学生发展。如果班主任忽视网络的负面影响，学校的德育时空将会日益缩小，阵地将日益狭窄。因此，对大学生的德育，必须尽快介入网络领域，积极拓宽德育阵地。在利用网络对学生进行德育教育方面，可以从以下几方面进行尝试。

（1）利用QQ、E-mail等网络联系方式，开展师生平等交流。

大学生人人都有QQ，甚至一人多个QQ。QQ聊天与传统的聊天具有较大差别。在传统的班主任工作方法中，面对面地交流，学生往往会觉得很有压力，心里的真实想法也不敢向班主任反映。与班主任交往有禁区，妨碍了师生之间的沟通，影响了班主任工作的开展。而QQ聊天摒弃了传统面对面交流的弊端，为师生们营造了"零距离"的交流环境。拉近了师生的心理距离，为更好地开展班主任工作开辟了新天地。在QQ上，学生很容易把老师当作一位普通的朋友，想说什么就说什么。实践证明，QQ聊天使得班主任和学生的沟通更多了，关系更近了。他们听话了、懂事了，爱学习、爱集体的多了，惹是生非的少了。因此，班主任借助QQ聊天不失为一种在新形势下开展德育工作的有效途径。通常班主任运用QQ能使德育和班级管理工作收到事半功倍的效果。

学生在生活中或学习中遇到困难时，也可以通过E-mail与老师联系。E-mail与QQ的区别就是它不具有实时性，但是它提供了很好的思考空间，使学生可以大胆各抒己见，真实地表达自己的内心情感。对一些不好意思直接与老师交流的问题，通过E-mail的形式

发给老师，既可以解开思想困惑，又可以避免面对面交流的尴尬。

（2）关注博客，深入了解学生。

博客是各个大网站给网民提供的网络个人表达和用户交流分享生活的平台。博客的出现，为师生思想交流提供了一种全新的渠道。教师可以利用博客，让学生了解自己的思想，让学生懂得老师严厉背后对他们的一片苦心。因此，如果教师能很好地将博客利用起来，就可以成为课堂的延续，沟通教师和学生们的心灵。

另外，有些学生也喜欢在博客上公开自己的心事。他们会将自己的所思所想、所见所得都记录在个人博客上，希望通过这种方式让同学、老师、家长来分享内心世界。这种交流可以激发学生学习的兴趣与欲望，使学生积极投入知识求解和问题探究中，不把时间浪费在游戏上，让网络发挥其积极的一面。

（3）占据网络阵地，开辟校内德育网站。

在网络上占据主导地位，我们必须主动出击。而建设校园主题教育网站，正是学校积极占领网络思想舆论阵地的重要手段。我们要充分利用学校网站的 BBS、电子邮件和聊天室来开拓新的思想教育渠道，建立网上德育教育的新阵地。建立网上德育阵地，可以有的放矢地对学生进行教育，并能更有效克服网络文化给学生带来的负面影响，灵活多样的教育形式克服了传统德育工作中的枯燥感，对学生的思想政治教育可收到更好的效果。

班主任可以通过主题教育来引导学生绿色上网，通过正面、丰富的网络主题活动，达到掌握网上德育主动权，营造积极、健康、向上的网络宣传舆论氛围的目的。同时，可以通过主题教育网站开展富有高尚情操、高雅情趣和发人深省的各种活动去激发学生积极参与的热情。还可以开展网上心理咨询热线，关注学生的心灵，鼓励学生把自己关心和感兴趣的话题、存在的情绪与困扰，通过网络直接反映、直率表达。这非常有利于班主任了解学生的真实思想，把握问题的关键，制定有针对性的教育政策，帮助解决学生成长中的各种心理问题，达到培养学生健康心理、健全人格和优良品行的目的。

总之，网络时代的到来，使得高校班主任的德育教育充满了挑战，回避是无济于事的。班主任应该提高自我的网络素养，根据网络时代学生的特点，因势利导，有针对性地加强对学生网上生活和网络道德发展的指导。引导学生继承和发扬中华民族自强不息、诚实守信的传统美德。不断提高德育教育的针对性、主动性和实效性，这才是正确的决策。

第二节　高校德育教育中服务性学习模式

服务性学习是美国 20 世纪 80 年代中后期兴起的教育理念和教育实践方法，是一种在行动和反思过程中进行的经验性学习。服务性学习是德育的有效载体之一，具有显著的德育功能。服务性学习过程也就是实现德育目标的过程。本节力图结合学生自身的品德发展规律和接受能力的要求，探讨服务性学习各个环节与道德教育融会贯通的德育模式。

随着科学技术的不断创新，经济社会的不断发展以及当代大学生价值观念日趋多元化，学校德育工作的难度越来越大。当前学校德育仍存在诸多困境，如大学生德育多局限于校园课堂，没有融入整个社会，与社会真实情景脱节；在教育主体上，局限于授课教师，教育模式设计围绕教育者，"以教师为中心，以课堂为中心，以书本为中心"，德育单向灌输而忽视了学生的主体性；在教育方式上，没有与实践感悟相结合。突破这些困境，探索德育教育新途径、创新高校德育模式以增强高校德育工作实效性，仍是当前高校德育工作者面临的一个重要课题。以德育发展为视角，探究服务性学习与道德教育的共通点，发掘服务性学习的德育功能，有助于推动高校德育模式创新。

一、服务性学习的概念及基本环节

服务性学习是美国 20 世纪 80 年代中后期兴起的教育理念和教育实践。其要旨是在课程教学中设置"服务学习"内容，把理论与实践内在地结合起来，将专业学习和社区服务有机结合起来。服务性学习有助于激发学生学习兴趣提高认知水平、发展与完善学生个性和能力、增强公民意识和学生社会责任感以及培育学生团队精神等。一般而言，运用服务性学习策略的课程都由两部分组成。首先是进行一定学时的理论学习，这部分就是传统的课堂教学。除讲授基本理论知识以外，还要讲述服务性学习的内涵、目标要求以及服务学习的基本环节等内容。其次是教学和服务活动的开展，这一部分比课堂教学需要更多的时间也更为复杂。服务学习最基本的几项环节包括准备、服务、反思、评价和庆贺。

准备。在确定问题的基础上明确服务的目标和对象，指导学生开展社区调查，帮助学生了解社区需求，并结合学校课程决定服务主题；以学生为主，指导学生拟定学习目标、服务计划及服务活动开展的方式。

服务。按照计划实施服务学习，根据活动的进展情况及时修正服务计划。教师及时了解任务的进展，对于学生在服务学习中遇到困难和挫折，要及时总结反馈信息。鼓励学生查找问题、分析原因，找出解决问题的方案。

反思。学生在教师的指导下对服务进行反思是服务学习的关键环节，包括服务过程中的反思也包括服务后的自我评价。反思的内容可以是对社会的观感，也可以是对自我的认识。在整个反思过程中要注意联系课程知识，并结合个人的经验，发展批判性思维。

评价。服务学习的评价是指利用一定的评价指标和方法，对学生在服务学习活动中的表现和收获进行分析和评估。测评学生在将理论和实践相结合过程中所获得的知识和能力，学生的公民意识和公民责任的提高。

庆贺。通过庆贺以肯定学生的参与和贡献，见证彼此的学习与成绩，激起投入社会服务的决心。帮助学生建立自信心，获得认同感和归属感。

以上五个阶段环环相扣：准备是服务进行前最重要的部分，服务则是行动的落实。而最重要的是反思与评价，它是整个服务学习品质控制的关键，并以举行庆祝活动结束一次服务学习，并转向下一次服务学习。因此，服务学习的五阶段模式同时还是一种螺旋上升的结构，是一个持续性的过程。

二、高校德育教育中服务性学习模式的建构策略

服务性学习强调学生的亲身经历和实践，提倡"在做中学"，既重视结果也注重学习过程。这与德育的实践要求和方式，与个体道德发展和道德意识的培育是一致的。服务性学习是德育的有效载体之一，具有显著的德育功能。服务性学习过程也就是实现德育目标的过程。因此，服务性学习既是一种教育方式，也是一种有效的道德教育方式。基于服务性学习的高校德育要着重结合服务性学习的基本环节，遵循学生自身的品德发展规律和接受能力的要求，积极探索服务性学习与道德教育融会贯通的模式，就是要在服务性学习中，服务性学习课程设计的整个流程都要内嵌隐性的德育要求。或者说，将德育目标有机融合到服务性学习过程之中，潜移默化地影响学生的道德品质。如果理论与实践能够结合起来，在理论中掌握学习的方向，在实践中保证理论的正确性，那么，这两者就将能够互相呼应、优势促进、补充，互相增进课程的实效性。因此，服务学习课程也正好能够弥补道德教育课程在实践面上的不足。

计划准备阶段有意识地设置德育目标。在服务性学习计划准备阶段，虽然服务性课程设计在形式上体现了服务性内容，没有明确的德育要求，但从实质上看，德育目标是内嵌的。德育的导向在任何阶段都潜移默化地影响着学生的价值观念和道德规范。现代教育由于着重在学科技能的训练而不重视德行的培养，导致有些学生认为只要跟本专业无关的课程、内容和要求都是没必要的。学生们进行的服务活动首先应该紧密联系课程，实际应用课堂学习的内容，拓展、深化课堂书本知识。这种学习首先注重的是知识、技能方面，而且必须与学生的知识技能发展阶段相协调，从而与学生的现实实际需求相切合，能更易为学生所接受。但在服务主题选择上，要从注重培养学生在真实情景中应用知识的能力、从经验中进行学习的能力以及自我反思的能力的角度出发，强调培养学生服务他人的精神与态度。因此，在计划准备阶段，需要引导学生们去研究社区真正的需要、计划项目、设计问题解决的方案和解决问题。努力用一种公正合理的方式去做有利于社区的事情，从而促使学生更清楚地知道为什么需要服务学习、学些什么以及其价值与意义何在。以此厘清学生的一些误解，并协助他们找到学习的方向，该用什么样的态度来面对社会实践学习。

在活动开展过程中设置道德规范要求。服务学习活动展开过程中，参加服务的学生与社区人员要相互合作来解决问题。此阶段重在锻炼学生的团队意识、与人交流、交往的技能。在实施计划的过程中要求服务小组成员团结合作，公平、公正地工作，还要注意培养学生尊重他人的意识。

在服务性学习项目活动中，为了完成工作学生必须学会公开、诚实的分享，必须作为一个团队工作和交流在一起，要依靠自己解决自己的问题。在实施项目的过程中，要求学

生学会负责任地做事情，从有利于他人的角度来控制自己的行为，学会与各个年龄阶段的人交流。能正确处理个人与团队、个人与社区合作人员，甚至正确处理学校与社区及各类服务机构的关系。因此，教师可以在服务学习活动开展过程中设计一些具体考核要求来规范提升学生的责任心、自我控制能力，培养守时、公正无私及正直善良等品格。特别是倡导帮助他人、符合道德的行为，做一个好公民。当然，还包括在活动中合理地运用、维护和爱护开展服务学习活动的设备器材、爱护社区环境资源等。

更具体一点来说，对于服务学习活动开展过程，可以在学生服务评核中设置服务态度、能力技巧及知识应用的规范要求，并分别按"表现优异""表现普通""有待加强""表现很差"等表现情况设定级差以及各项所占比重。如在人格态度上，可以参考的规范内容包括是否依规定时间出席（或准时出席）。无法准时出席时能否事先告知，并负责地补救造成的影响。服务中是否展现热忱耐心、积极乐观的工作态度，是否虚心受教、勇于改进等。在能力技巧上，学生是否有计划、组织地处理自己负责的事务。能否与社区机构工作人员沟通与合作，能否与服务对象适当沟通，能否在服务小组团体中与他人合作等。在知识应用上，明确哪些学科对你这次的服务活动有帮助，服务经验如何与课堂上所学联系起来，服务学习活动如何加深你对学科内容的理解等。

在反思活动中内嵌德育内容。反思活动为学生提供了对自己的经验进行思考和评价的机会。通过反思，学生可以提高分析问题、解决问题必需的技能、技巧，发展创造性能力。最常用的有两种反思方式：一是开展讨论会。组织学生开展各种讨论，交流自己的活动体验，分享彼此的服务经验和心得，讨论各自在服务过程中碰到的问题，对各类问题进行汇总、分析、归纳，找出解决问题的办法，为后继服务学习活动做准备。二是撰写心得。根据服务学习的具体要求，设计一些具体表格栏目，要求学生记录服务过程中的所见所闻、即时感触等。服务活动结束后，撰写心得或感想。除此以外，学生也可以通过服务陈述、角色扮演、讲演、录像、论文、书信、制作纪录片等多种方式来对学习进行反思。

在反思内容上，在课程学习和德育要求方面，可以通过设置一系列的问题来引导学生反思服务性学习活动：1.What？（描述）。对于学生做了哪些服务，可以设置问题：你观察到什么？你的所见与所闻有哪些？你的职责是什么？你们遇到什么困难？如何解决这些困难？ 2.SoWhat？（解释、演绎）。服务参与者讨论自己的感受、想法及对服务经验的分析，主要着重于这些服务带给学生的意义。如你学到什么？你领悟到什么道理？这次活动中你最欣赏的人（同学、指导老师、社区机构负责人或服务对象等）是谁？为什么？我们所提供的服务对服务对象有什么意义？形容一下你在整个过程中印象最深刻的一个人。他的态度如何？你认为他背后有什么信念？你从服务对象身上学到什么？为什么要参与社会服务？在服务过程中，有什么事情让你有一种特别强烈的感受？ 3.NowWhat？（应用、前瞻）。如何运用这些所学以及巩固个体道德养成，可以设问：在服务活动中，你最主要的贡献是什么？在你所服务的对象中，有什么事情使他们感到高兴或悲伤？有什么地方是自己需要改善的？有什么地方是自己可以坚持的？如果你在这次服务活动中有缺陷，那么下一次将如何改进？这次的服务是否令你更愿意帮助他人？

在服务项目的实施和完成阶段安排学生对自己的服务、言行、工作等进行反思，通过设计周密、彻底的启发和导向性反思设问，有助于加深学生对周围世界的理解，有助于让他们认识到自己如何才能对社会做出有益的贡献。认识到活动对自己的影响，从而使德育要求内化为学生的自我道德意识。

设置德育评价要求及学期总结性评价。服务学习的评价是指利用一定的评价指标和方法，对学生在服务学习活动中的表现和收获进行评价。服务性学习评价，主要以项目方案、学生的表现和服务学习成果为评价对象，检验服务性学习方案的实施结果是否符合原先设定的目标。在整个评价过程中，最主要的部分是评价学生在服务学习中的表现，测评学生在将理论和实践相结合过程中所获得的知识和能力，以及测评、评价学生的公民意识和公民责任培养的效果。在实施评价过程中要遵循几方面的要求：在评价对象上，不仅要对活动结果做出评价，更为重要的是对活动过程及活动本身也要做出评价；在评价方式上，既重视正面评价，更重视负面评价；在评价主体上，不仅有教师对学生活动的评价，更为重要的是强调学生的自我评价和相互评价；在评价标准上，不仅重视标准的统一问题，而且也重视学生的个体差异性，注意普遍性与特殊性。因此，除了教学目标以外，还可以将学生在服务活动中学会了什么以及"学校"与"社区"是否实现了良好互动等，也可以纳入德育评价要求中来。为了更好地鼓励学生积极参与社区服务和社会实践活动，实现德育目的，应采用过程激励评价机制。注重对学生的学习态度、行为表现、付出努力的程度以及探索、创新、思考等方面的评价。另外，在服务性学习活动结束后，教师可以引导学生进行自我反思性评价。教师可以预设学生自我总结性评价要求，让学生对自己整个学期的服务学习活动进行一次自我回顾和总结；让学生及时了解自己的进步，反思自己的不足和改进的方式。

庆贺突出对道德模范的表彰。庆贺是服务性学习的一个重要环节，能让服务学习的参与者在各种各样的庆祝活动中充分地意识到服务学习的重要性。还能让参与服务学习的每个人的成果和收获成为能被全校学生共同分享的成果，这一点尤为重要。在表彰内容上，可以根据服务学习活动的主题，结合在服务学习活动开展过程中设置的道德品格要求，分别从服务态度、服务精神、能力技巧及知识应用等方面进行表彰。在表彰方式上，项目结束时对学生的认可，可以通过多种多样的庆贺活动来体现。比如，采取"举办联欢会、成果展览会、舞会、短剧表演、办报纸、全校范围内的表扬、感谢信、发放奖品、媒体和社区的报道"等方式。也可以在庆祝活动中让学生接受感谢信、徽章、奖状、证明等。还可以通过网络传媒技术庆祝。除了学生和教师以外，还可以邀请家长、社区机构人员以及服务对象参加。通过庆贺活动可以让学生与社区共同分享他们在服务学习项目中获得的成就，帮助他们产生自我成就感，形成良好的服务习惯并激励他们关心社区、关心环境、关心社会。庆贺是一个收获和分享的过程，核心目的是肯定学生的参与和贡献，见证彼此的学习与成绩，激起投入社会服务的决心。帮助学生建立自信心，获得认同感和归属感。通过表扬激励，使道德规范以及其他良好表现更加具体化，使被表扬者得到集体的赞许，能增强学生的上进心和荣誉感，从而使被表扬者的行为得到保持和发展。而且，被集体认同的表扬，有一种激发功能。在服务学习活动中表现突出的同学的行为，能鼓励学生向受表扬者看齐，能使其他学生深化对道德规范要求的认识。因此，从德育目标出发，在庆贺阶段要特别突出对自我道德要求严格、表现突出的学生的表彰。

中共中央国务院《关于进一步加强和改进未成年人思想道德建设的若干意见》指出，当前我国"未成年人思想道德建设既面临新的机遇，也面临严峻挑战"。要求学校充分发挥思想道德教育主渠道的作用，深入发掘立体有效的教育形式培养新一代社会主义公民的正确观念、高尚情操、责任精神。并且提出学校"要积极探索实践教学和学生参加社会实践、社区服务的有效机制"，要加强学校与社区、家庭之间的合作等具体指导意见。服务性学习蕴含着丰富的德育价值和德育功能。服务性学习不仅是学生学习方式的变革，更为学校德育工作拓展了空间。服务学习的理念与实践能够对我国在加强社会实践教育、密切学校与社区联系等方面的改革提供良好借鉴。因此，要重视服务性学习内含的德育功能，同时有意识地将德育贯穿于服务性学习的整个过程之中。建构基于服务性学习的高校德育模式，通过学生自身的体验来实现道德准则的内化和升华，塑造人格、完善德行。通过德育目标设置，把服务学习和学校德育结合起来，把德育教育要求分解并与服务性学习的各个环节结合起来，这是一个初步的尝试。当然，如何树立起把学习知识和运用知识为社会服务结合起来的理念，借鉴他人经验，创造出适合我国社会实际的服务性学习模式，还需要我们更深入地进行理论探索和不断地进行实践总结。

第三节　基于叙事德育的高校德育模式

随着互联网信息化技术的发展，高校德育环境进一步敞开，高校大学生思想得到解放。他们作风大胆且个性鲜明，传统与现代两种价值观念的冲突，多元文化思想的相互碰撞，使高校德育面临着巨大挑战。本节基于叙事德育的视角对高校德育模式的构建，采用文献法、举例论证法等，从德育模式的含义与特征入手，结合高校德育的实际情况，分析新阶段高校德育存在的问题，然后进一步阐释基于叙事德育视角如何构建高校德育模式，为我国高校德育模式的改革提供了一定的帮助，对高校德育新体系的构建具有重要的现实意义。

目前，高校德育教育远离了学生的生活实践。教师在教育过程中，忽视学生的体验与个体化差异，导致高校德育教育过于空泛，并且缺乏一定的科学性。由于德育是理论集合体与双向指示过程，其作为教育的重要组成部分，是大学生思想道德素质教育不可或缺的内容。为了解决高校德育模式实施过程中存在的一系列问题，在叙事德育的视角下，对高校德育模式的构建顺应了时代的发展要求，满足了全面推进素质教育的需要。

一、德育模式含义与特征

（一）德育模式的含义

目前，对德育模式的含义有不同的理解，有的学者强调德育与方法之间的联系与区别；有的学者认为德育模式是德育理论以简化的形式表达出来的；还有学者则把其归入方法范畴等。本节在德育思想、德育理论指导下，根据"德育模式"的操作性定义，在道德教育与实践基础上，为完成德育目标与任务而形成的德育结构理论框架及道德教育实践性活动程序与方式。其顺应了时代的发展需求，有利于素质教育的全面推进。

（二）德育模式的特征

德育模式属于一种教育模式，它与教学模式相比，具有一定的差异性。由于德育教育内容具有复杂性与特殊性，其主要表现在内容侧重点不同、运行周期长及运用的范围比较广，具体内容如下：

1. 内容侧重点不同

德育模式隶属于教育模式，而教学模式侧重点是对学生进行知识的传授与能力的培养；而德育模式不仅加强对学生的培养，还要传授知识。比如，对"知"在内的"情""行"等要素的侧重培养，从而全面促进学生品德的良好发展。

2. 运行周期长

教学模式与德育模式运行周期不同。其中，德育模式运行周期比教学模式运行周期长。这是由于教学模式的主要任务是对学生知识内容的传授。其培养技能的重复率比较高，任务形式比较单一。而德育模式运行的主要任务是让学生进行知、行等品德要素的培养。它的任务运行相对比较复杂，一个周期相对较长。

3. 运用范围比较广

教学模式与德育模式运用的范围不同，德育模式运用范围比教学模式运用范围广。这是由于教学模式主要在课堂上进行，其相关因素少；而德育影响具有广泛性、复杂性、可控性及社会性。加上其过程的多端性，各种品德的形成具有实践性、反复性等。因此，德育模式突破了传统课堂教育的限制，涉及学校、家庭等各个领域，其运用范围比较广。

二、现阶段高校德育模式实施过程中面临的问题

现阶段，由于部门与高校领导对其教育工作重视不够，加上高校德育教育实效不强，大学生思想政治教育的合力未形成，使高校德育教育与社会形式发展不相适应。因此，需要我们了解现阶段高校德育模式实施中所存在的一系列问题，为高效的德育模式构建提供一定的条件与依据。基于德育教育视角，其实施过程中问题与高校德育内容脱离实际、德育方法比较僵化、德育教育者比较孤立、家庭教育缺失与社会教育负面影响，以下呈现的

是具体的内容。

（一）高校德育内容脱离实际

目前，高校德育教育内容主要包含政治教育、思想教育，心理教育等，但社会的发展，社会核心价值体系的不断完善，使传统德育呈现滞后性，导致高校思想教育与时代发展相脱节，教育对象思想变化比较滞后。首先，从高校德育教育理论课程来说，内容具有重复倾向，在实践过程中以政治为核心展开教育，导致课程内容与学生实际现状产生脱节。并且与时代发展结合不够，只重视教育而忽视实践，教育效果自然比较差。其次，从高校其他课程来说，德育教育课程效果与其他课程受到质疑，甚至产生被抵消倾向。例如，高校扩招下，学生就业形势严峻，部分高校为了推动学生就业，设置了相关的就业指导课。然而在实际过程中高校存在急功近利，甚至是投机取巧的行为，导致德育教育效果被抵消或抹杀。最后，由于德育实施环节中具有诸多要素，从高校德育内容体系来说，各要素之间缺乏合理搭配、相互渗透、衔接及互补，加上缺乏一体化教育内容与整体性的协调，使教育处于表面化。

（二）高校德育方法比较僵化

对于高校德育的方法，长期以来只重视理论知识的讲授，以灌输式教育为主，忽视对学生的现实需求与正确引导。这不仅使学生缺乏学习的兴趣与积极性，还会使学生对德育教育产生厌烦的心理，严重违背了德育教育目的，导致学生对理想与现实之间产生一种巨大的反差。近几年，虽然部分高校针对德育教育强调尊重学生的主体性地位，在方法上进行探索与改革，采用新的教学方法，但是其教育模式还是传统方式，忽视了学生内在需求，学生主观能动性不能充分发挥，因而教育效果甚微。另外，受高校扩招的影响，高校德育教育沿用脱离实际的"填鸭式"教学，只是依靠书本知识与有效的课堂教学，这引起学生的不满与抵制。不能真正达到教育的目的，更不利于学生思想品德的养成。

（三）高校德育教育者比较孤立

当前，高校德育教育的实施者，主要是学校的思想政治老师、辅导员及相关管理人员，存在德育"专职化"的情况。高校德育教育专职化，主要是为了加强德育的教育工作。然而，在实际的德育教育过程中，相关的工作都压在了德育工作者的身上。而德育工作者在进行德育教育过程中缺乏一定的针对性与实效性，只是处于特定的时间与场合中，从而导致德育管理与教育步调不一致，最终产生脱离情况。另外，管理人员与德育教育各行其是，没有与教学管理相呼应。加上对非专门德育工作者应尽的道德教育责任的忽视，导致高校德育教育工作者处于孤立的局面，给高校德育教育工作者带来了很大的挑战，不利于学生思想品德的养成。

（四）家庭教育缺失与社会教育负面影响

目前，高校学习氛围自由，学生摆脱了家庭束缚的心理，受到社会新事物的不断熏陶与接纳，使父母在其心目中的教育不再那么权威，这大大减弱了教育的影响力。另外，家长对子女管理有所懈怠，家长更多的是关注经济方面，而对思想政治教育比较疏忽。加上其与教师及相关管理人员沟通不足，把教育全权交给了高校，造成家长缺席对子女的德育相关教育。对于社会教育具有负面影响，这主要是由于学生思想比较开放，容易受社会层面主动性及多样性矛盾的影响，使学生品德的养成受到了严重的冲击。例如，有些电影、电视等媒体，用极不健康的思想内容吸引观众，冲击了学生固有的价值观念，对大学生产生负面影响，在一定程度上弱化了高校德育教育效果。这不利于学生思想品德的养成，给高校德育教育工作者带来了极大的挑战。

三、基于叙事德育视角高校德育模式的构建

对于高校德育教育模式的构建，基于叙事德育视角，根据高校德育教育存在的问题，需要以学校为主体，构建学校、家庭、社会一体化的德育力量；共同致力于德育目标，形成良好的德育效果。而构建高校德育模式，主要表现在建设高校全员德育体制、叙事化改造课堂教学模式、叙事化优化师生关系及建立高校、家庭及社会一体化的合作平台。

（一）建设高校全员德育体制

为了改变高校德育存在与实际相脱离的情况，需要建立高校全员德育体制。首先，提高德育工作者的专业素养。其可以通过改变传统的授课方式，探索与激发全身的授课方式，了解学生的心理动态与思想变化；可通过系统化学习有关德育教育的理论内容，以扎实的理论知识武装头脑；可努力掌握现代科学文化知识，能够系统解决学生思想生活中存在的实际问题；可提高自身综合能力，比如，掌握信息网络技术，用现代化的方式进行德育活动。其次，实行导师制管理，使更多的教师参与德育教学过程，多角度完善学生的德育教育。例如，教师定期与学生进行沟通与交流，以讲故事的形式，吸引学生，从而将无形的道德价值自然渗透到学生的内心，以此帮助学生树立正确的人生观念，增强高校德育效果。最后，实现德育的全员化。以学生为主体，可以将思想政治教育贯穿于高校的各个工作中，形成一个立体化的教育网络，达到育人的目的。例如，一些高校通过树立文化名人的雕像，形成高校的文化标志，形成良好的学术氛围，使学生自然而然融入高校的德育过程中。

（二）叙事化改造课堂教学模式

为了打破传统的方法，需要基于叙事德育视角，以叙事化改造课堂教学模式。首先，对德育课堂进行故事化改造，突破传统的灌输式模式。以故事的形式，引导学生对德育故事的感悟，体会其中蕴含的价值，以此对自身的人生意义有所顿悟。例如，思想政治教育课堂，老师通过故事展开对学生爱国思想的教育，使学生更能体会到爱国的真正意义。其次，开发"知情意行"多通道的课堂教学模式，将故事与人生实践作为德育的内容。通过叙事化的思路，为德育课堂提供一个良好的条件。在这个过程中，德育工作者与学生分享故事，实现内心的交流与沟通，从而充分了解学生需求。以此优化德育内容，使德育效果

在"知情意行"多通道的课堂教学过程中，实现最优化。

（三）叙事化优化师生关系

为了打破德育教育工作者孤立的状态，需要优化师生关系。首先，可以采用德育实践策略，以活动的方式，使更多的教师投入教育工作中。在学校德育过程中，教师需要发挥自身的示范引导功能，实现价值共建。例如，以讲故事的形式，使学生与老师角色互换，体悟并反思内容，并采取实际行动。其次，搭建师生之间交融桥梁，化解师生之间的矛盾。在这个过程中，可以通过真实的相互叙事，搭建师生之间相互理解的桥梁，促使老师与学生之间的沟通与理解，使学生愿意来到课堂进行学习，共同讨论所遇到的难题，促进学生内心构建道德的美好世界，使更多的人重视德育。

（四）建立高校、家庭与社会一体化合作平台

为解决家庭教育缺失与社会教育负面问题，需要建立高校、家庭与社会一体化合作平台。首先，建立高校与家庭的联系制度，建立多元化、现代化的沟通渠道，使家长能随时了解子女的内心及思想变化。其次，指导家长形成正确的教育方法及观念，增加与高校协调性，使家长发挥家庭教育的作用，以言传身教的方式，加强对学生的思想政治教育，配合高校形成教育合力。最后，建立高校与社区的合作网络，为学生提供广阔的实践场所，调动社会各力量参与教育，以此创造良好的思想文化氛围，为德育教育起到推动作用，使高校实现自我认识到自我实践。

综上所述，本节对高校德育模式的构建，基于叙事德育的视角，分析了高校德育教育存在的问题。结合高校学生的德育实际需求，以建设高校全员德育体制、叙事化改造课堂教学模式、叙事化优化师生关系及建立高校、家庭及社会一体化的合作平台构建高校德育模式，这顺应了时代的发展要求，为德育教育的开展起到推动作用，满足了高校全面推进素质教育的需要，具有重要的现实意义。

第四节　"互联网＋"德育教育有效模式

"互联网＋"环境下高校德育教育的内容更加开放多元，德育教育方式的转型迫在眉睫，探索有效的德育教育模式具有十分重要的意义。

一、德育教育的意义以及现状分析

德育教育通常指的是学校德育教育，是教育者按照一定的社会要求、有目的、有计划、系统性地对受教育者在思想、政治、道德等方面施加影响，通过受教育者积极的认识、体验与践行使其形成一定的社会或阶层所需要的思想品德的教育活动。

长期以来，全国地方社会经济发展不均衡，导致各地方政府对全国各教学单位的财政

支持不均衡，也使得全国各地教学资源储备不均衡。2015 年 7 月，国务院印发的《关于积极推进"互联网＋"行动的指导意见》中明确提出："鼓励学校利用数字教育资源及教育服务平台，逐步探索网络化教育新模式扩大优质教育资源覆盖面，促进教育公平。""互联网＋"行动计划，意味着中国教育创新发展成为新常态。

二、传统教学方式下德育教育的局限性

传统的教学模式，主要是由教授者依据当代思想教育工作者根据当代大学生培养的既定目标和方案设计制定教学课本内容提供教学素材、查阅教学资料，给受教者讲解，指引受教者学习、认知、认识、践行的过程。主要侧重于教授的知识储备以及个人能力素质，信息来源单一化，不能积极调动学生的主动参与，教与学的深入互动受到严重限制。

三、"互联网＋"环境下德育教育的有效模式

互联网技术的发展，逐渐改变着大学生的学习、生活方式。为此，在高等教育推进"互联网＋"行动计划进程中，我们抢抓机遇，迎难而上，创新德育教育理论教学方式，拓展实践教学途径。

（一）"互联网＋"环境下，课堂教学模式的转变

"互联网＋"环境下，德育教育要充分考虑互联网优势，树立"用户至上"的互联网思维，即确立"学生主体"的教育理念。组织骨干教师团队，通过各类网络媒介或其他传统媒介搜集优质教学资源，集中整理编制，为学生提供丰富多彩的课堂教学资源。在有条件的学校，借助慕课载体，与周边兄弟院校建立"协同教育在线平台"，在平台上发布名家讲座、名师课程、精品课程等音像资料供学生学习，还可以发布图书资料、学术交流、就业信息等拓展交流维度。充分发挥互联网的立体性优势，打破教室空间壁垒和面对面沟通方式，促使学生获得更多的参与机会，获取顶尖学府优质教学资源的机会。

建立线上线下互动交流平台。针对当前社会热点、时政焦点、网络热点等问题，立足教育引导为主，采取案例分析的形式，实施线上评论、线下交流的交互式教学，增强教学时代感，体现教学内容的新颖、丰富。加强理论教育与社会生活的融合度，激发学生的参与热情，充分发挥德育教育的隐形教育优势。通过生活化的教学，对学生的品德、思想、行为进行潜移默化的指导。与此同时，引入评分体系，适度增加课外教学在教学环节中的分值。

（二）"互联网＋"环境下，实践教学模式的转变

"互联网＋"环境下，立足学生实际需要，组织有代表性的实践教育活动。通过深度了解校园内以及校园周边环境，把握德育教育的思想主导性，掌握网络传播应遵行的科学规律性，实现二者有机结合。由单一课堂向学校课堂与社会大课堂结合转变，围绕学生的

教学实际需要建立与社会组织的网络互动平台，网络主题教育活动。把传统教育内容，通过画面或动态的表演等方式展现出来。通过做课题的方式组织学生分组课内辩论、校内辩论、校际比赛以及到居民小区宣讲等方式，锻炼学生的学以致用能力，提升学生的学习能力和运用能力。充分挖掘学生的探索、创新、自主精神。

（三）"互联网+"环境下，辅导员队伍能力的提升

"互联网+"行动计划，既是推进高等教育教学改革创新发展的机遇，也是高等教育管理创新的挑战。信息渠道的多元化、信息筛检技术的滞后性，给我们教育工作提出新的考验。针对涉世不深的当代大学生，难以辨别飞速增长的信息的真伪，容易造成世界观、人生观、价值观的混乱。辅导员队伍作为德育教育的主力军，应加快理念更新、认识更新，优化知识结构、拓宽视野，改变单向度、权威性的刻板说教，建立多层次、全方位、立体式的互动平台。把枯燥的书本"大道理"知识，以鲜活的生活小常识用通俗易懂的方式表现出来。打造网络德育教育阵地，用积极健康的校园网络文化丰富大学生的业余生活。例如，开设"辅导员之家""心灵驿站""学校、学社、家长一站式"微信群或QQ群主流网络载体，及时交流学生的思想动态，为共同做好大学生的思想政治教育工作形成合力。

"互联网+"环境下，"互联网真正让世界变成了地球村，让国际社会越来越成为你中有我、我中有你的命运共同体。"因此，在此环境下，在德育教育过程中，必然存在德育教育工作者使用新型载体的意识和能力不足。因此，需要全校上下通力合作，组建专业的德育教育载体，建立、开发、运行、维护和监测队伍，针对如何使用和推广新型载体进行定期培训。建立载体运用和管理的长效机制，使新型德育教育教育载体更好地发挥其教育功能。

第五节　高校学生生活园区德育模式

高校学生生活园区是大学生生活、学习、交往、文化娱乐的公共区域，也是传承大学精神、彰显高校特色、开展思想政治教育的重要平台和阵地。在高校学生生活园区融入德育，需关注学生的个人需求和个性差异，潜移默化地影响学生；充分发挥学生的主动性，构建满足学生成长需要、促进学生发展的生活园区德育模式。

高校生活园区的德育工作以学生的生活实践为根基，以实现学生的全面发展为目的，以学生的实际需求为出发点和落脚点。本节在德育生活化理论的指导下，结合实践经验，探索高校学生生活园区的德育模式。

一、高校学生生活园区德育模式探索的理论基础

马克思主义道德观认为，社会生活决定人们的道德观念。道德作为一种特殊的社会意

识，是由一定的经济基础决定的，它产生和存在于生活之中。"不是意识决定生活，而是生活决定意识。"道德观念也是发展变化的，它随着社会生活的改变而变化，生活环境、条件的变化会引起人们道德观念的变化。特别是在高校生活园区，人群密集，观念呈现出多元化、多变性等特征。因此，在高校生活园区开展德育工作，要让德育回归生活，贴近学生的现实需要，也要考虑到学生的差异性。通过德育工作的广泛深入，让学生过有道德的生活，做有道德的人。

外因总是通过内因起作用，在高校生活园区开展德育，应该发挥学生的自我能动性。在学校提供必需的条件和环境下，引导学生在真实的生活体验中理解德育内容，将外在的德育要求内化为自己的道德追求。积极开发利用富含价值导向功能的生活资源，引导学生的道德生活实践；让学生在真实的道德情境中感悟生活的意义、思考人生的价值；在和谐、文明的生活园区中培养积极的道德情感，养成良好的道德行为习惯，从而不断提高学生德行修养。

二、高校生活园区德育工作面临的问题

首先，生活园区中网迷、"宅人"越来越多。大数据背景下，虚拟网络已经成为大学生日常生活中不可或缺的部分。很多学生沉迷网络游戏不能自拔，一方面严重影响自己和宿舍成员的休息，出现身体疲惫、精神状态不佳等不良反应；另一方面，长期沉迷网络，部分学生容易迷失自己。学习上精力不足，出现旷课、学习成绩下降等现象。另外，有些学生生活比较懒散，足不出户，很少参与户外活动，生活缺乏明确的目标，这也是目前高校生活园区德育面临的一大难题。

其次，高校学生生活园区管理队伍呈现年龄较大、专业知识不足的现象。高校生活园区大多是中老年的宿管阿姨、师傅，他们大多具备服务学生的热情，但在知识结构、学校的法规制度等方面并不专业。这就导致了他们虽然与学生接触时间较多，但不能给予学生生活以外的指导和帮助，有时可能还会误导学生，给出不恰当的建议。

最后，高校生活园区缺乏信息报送及应急机制。目前大学生都是 90 后，他们在学习、心理、情感、生活等方面的需求呈现出多样性。但囿于园区缺乏信息报送及应急机制等因素影响，有些学生的需求、情绪或者矛盾得不到及时解决，极可能会引发突发事件。在这些问题上，高校学生生活园区面临较大压力。

三、高校学生生活园区德育模式的几点探索

第一，夯实高校学生生活园区德育工作的物质文化基础，适当拓宽园区内学生文体活动的公共空间，为学生走下网络、走出寝室创造条件。在条件允许的情况下，高校可对生活园区的内部格局进行改造，完善文化活动场所、公共活动空间等基础设施，增设运动休闲、生活服务等现代化配套设施，进一步拓宽学生在生活园区的活动范围，丰富校园文化

生活。同时，注意良好的生活园区文化氛围的营造，注重文化内涵建设。如在学生宿舍内开辟"文化走廊"，展示学生先锋代表风采、校园文化活动剪影，宣传社会主义核心价值观知识等。

第二，树立以人为本的育人理念，增强生活园区管理人员的服务意识。德育工作是一种影响人心灵的精神性活动，是一种以德行人格影响人格形成的交互活动。这就要求生活园区的教育者既要有高尚的德行人格，又要有科学的育人理念。生活园区的管理人员应从"服务学生"出发，尊重理解学生，关心帮助学生。尽可能以善意的方式给予学生生活上的精神关怀，使学生通过道德生活中的生命体验实现内化，不断提升道德人格境界。

第三，打造优秀的生活园区管理梯队。生活园区中学生密集，活动时间持久，必须加强管理人员的业务技能和服务能力，才能保证园区的稳定、和谐。首先，宿舍管理人员需要掌握专业的管理知识，学习新型高效的管理模式。熟知学校园区的相关管理规定、学生住宿的相关要求、后勤服务范围等，才能在日常的生活中给予学生正确的指引。其次，院系一般都在学生的生活园区内设有辅导员值班室，方便老师经常走访学生宿舍，与学生交流，了解学生的想法，及时解决学生的实际问题。最后，学生队伍，在学生生活园区中要充分发挥学生的作用。让学生直接参与生活园区管理工作中，提高自我管理、自我服务意识。有些高校成立学生监督管理委员会、楼宇管理委员会、学生党员寝室等学生组织。他们深入学生群体中，及时了解和反馈学生诉求和意见，监督各项制度的执行，畅通学校相关部门和学生之间的联系、沟通渠道，为学生谋福利、解难题。

第四，加强制度建设，建立重大事件信息报送工作制度、学生预警工作机制和突发事件快速反应机制等，提升生活园区危机处理能力。高校可跟学校的心理机构或部门联合，在生活园区内设立心理辅导室，解答学生的心理、情感等困惑，排解学生心理上的种种不适，关注学生心理健康。比如，指导学生如何积极预防、妥善处理学生宿舍之间的矛盾，如何正确宣泄负面情绪和应对突发事件等。发现不良势头时，努力将矛盾化解在基层，解决在萌芽状态，及时有效地排除可能导致学生思想不稳定的不良因素，维护学校师生的合法权益，确保生活园区工作有序运转。

第五，加强网络监管，发挥舆论的正面导向作用，牢牢把握网络文化建设主动权。高校应加强生活园区网络的监督和管理，及时关注学生的思想动态和网络舆论，净化、优化和美化生活园区网络环境。可通过新媒体发布一些话题讨论，比如，在易班上举办如何有效摆脱网络成瘾、人际交往焦虑等心理讲坛。目前，很多高校已经建立了学生社区局域网络，网络模块涉及学生的教学、思想、班级事务、生活服务、民主管理、文化生活等，融思想性、知识性、趣味性、服务性于一体。经常开展积极向上、丰富多彩的网络文化活动，分享和交流学生关注的热点问题，解决园区中出现的重点难点问题。

第六节 德育视角下的大学生创业教育模式

近年来，随着高校招生人数的持续增加，大学生的就业压力也不断加大。为了实现自我价值，很多大学生走向了自主创业的道路，同时很多高校也开设了相应的创业教育课程，以提高大学生的创业成功率。从德育视角下对大学生创业教育模式进行分析，能构建一个良好的大学生创业环境，提高大学生的创业综合素质和创业能力。因此，从德育视角下开展大学生创业教育活动是十分重要的。

在 21 世纪，科学技术飞速发展，知识经济时代已然到来。对国家来说，各类创新型、创业型人才的综合素质直接影响到国家的综合实力。因此，在新环境下，高校开设大学生创业教育课程，培养创业能力强的人才已经成为时代对高校的要求。从德育视角看，完善大学生创业教育是当前高校管理工作一项十分重要的内容，也是促进高校改革创新的重要措施。下面就德育视角下的大学生创业教育模式进行详细研究。

一、德育视角下实施创业教育的重要性

（一）德育与创业教育内在统一

对高校而言，创业型人才的培养必须建立在创业教育的基础上，对创业教育而言，与高校德育教育是密不可分的。首先从创业教育的目标及内涵看，创业教育是为了培养大学生的创业综合素养，尽可能地提高大学生在社会上的创业成功率，使得大学生适应社会发展需求。对于高校德育教育，其教学主要目标是培养大学生德、智、体、美等各方面素质，确保当代大学生能成为合格的社会接班人。从这一点看，大学生德育教育和大学生创业教育是相互统一的，大学生创业教育是德育教育的具体表现。其次，从德育教育内容看，主要包括人生观、道德观、价值观，其重点是培养学生具有良好的道德素养。在大学创业教育中，主要是培养学生的创业意识、创业精神、创业素养及创业能力，在教学过程中，必然会培养学生树立良好的道德观念及坚忍不拔的品质，这些内容与大学生德育教育相互契合。因此，大学生创业教育和德育教育是相互统一的。

（二）高校内在环境改变的现实需求

进入 21 世纪以来，我国经济、政治、文化等发生了极大的改变，而高校内在环境也发生了很大的变化。首先是大学生就业压力的持续增大，使得大学生面临着"毕业等于失业"的现状。其次，创业活动、创新能力越来越受社会各界的关注。与国外发达国家相比较，我国从业人员的创新能力、创业能力急需增大，特别是高素质创业型人才。为立足于国际，我国高校必须加强对创业型人才的培养。

二、德育教育与创业教育的关联

德育教育和创业教育，虽然在教学方式上有一定的差异，但是在培养学生品质、能力、素养等方面具有相同的目标。可以说德育教育是大学生创业教育的基础和基本导向，而创业教育则是大学生德育教育的载体，德育教育和创业教育两者相互促进、共同发展。

（一）德育教育是创业教育的基础

创业教育的重点是培养学生的创业意识、创业精神、创业素养及创业能力。对于创业意识和创业精神的培养，必须建立在德育教育的基础上。只有通过德育教育，才能有效地激发大学生的自我管理、自我教育、自我完善意识；才能让学生将"创业"这一个名词转变为真正的行动，才能为大学生创业提供持久的动力。

此外，德育教育还对创业教育有引导作用，在创业教育中，教学活动的价值、目标、行为等都受到德育教育的影响。从价值方面看，通过德育教育能让大学生更加科学、客观地评价创业，也能让大学生更加全面地理解创业，这对培养大学生正确的创业意识有很大的帮助。从目标方面看，德育教育主要是帮助学生树立正确的人生价值观，而对于创业教育，大学生只有树立正确的世界观、价值观，才能形成良好的职业道德素养，才能积极地面对创业。从行为方面看，通过德育教育能引导学生积极地参与到实践活动中，利用模范力量激发大学生的行为动力，从而不断提高大学生的创业能力。

（二）创业教育是德育教育的载体

在以往的德育教育中，其载体主要是思想政治课程，德育课程开设得虽然比较全面，但是其内容十分枯燥，很容易引起学生的反感。这也是德育课程课时较多，但实际教学效果较差的主要原因。对于德育教育，如果只是采用单一的载体，不注重德育的实践应用，就会造成学生"知不能引导行"的现象。长此以往，就会严重影响到德育教育的效果，甚至会对我国当代大学生的综合素质造成影响。将创业教育引入德育教育中，一方面能有效地改善德育教育载体单一的局面，确保德育教育的实效性；另一方面还能为创业教育提供良好的平台，确保创业教育能满足当代大学生发展需求。

此外，对于德育教育，传统的教学模式已经不能满足现代发展需求，而创业教育的引入，则为德育教育提供了良好的发展路径。在传统的德育教育中，只是按照单一的标准，对所有个体进行改造，以期每一个个体都能达到标准。在教育过程中，忽略了个体之间本身存在的差异，忽略了个体的创造力、创新力培养，最终导致培养出来的学生不能适应社会竞争环境。传统德育教育的不足，使得德育教育陷入迷途中。但是创业教育的引入，为德育教育提供了新的空间，进一步完善了德育教育。因此，对高校教育而言，创业教育是德育教育的新载体。

三、当前大学生创业教育存在的问题

（一）认知定位不准确

目前，对于大学生创业教育，高校还缺乏正确的认识，还没有从理念指导层面对大学生创业教育进行分析。对大学生创业教育还存在一定的偏见，过于注重功利性价值，将创业教育看作"企业家教育"。同时还有部分师生错误地认为，创业教育仅仅局限于部分学生，如学习成绩好、综合素质高的学生，很多大学生没有积极地参与到创业教育中，从而对大学生创业教育发展造成一定影响。此外，还有的人认为大学生创业教育其实就是对大学生就业进行指导，没有全面认知大学生创业教育。在具体实施过程中，仍然以为大学生找工作为主。这些观念使得大学生创业综合素质的提高受到极大限制，也对大学生创业教育的持续发展造成影响。

（二）缺乏系统的课程体系

目前，在我国的高等院校中，还没有将创业教育专门设置成一门学科，高校的创业教育还是仅仅停留在就业指导、创业设计大赛等层次上，这很难对大学生创业精神、创业能力、创业素质进行全方位培养。另外，一些高校虽然开设了创业教育课程，但并没有从创业教育的基本目标出发，而是将创业教育当作选修课，并没有系统地建立创业教育课程体系。对创业教育的重视力度远远低于专业教育，即便是在创业教育活动中，也仅仅是培养学生的创业技能。对于学生的创业精神、意识等并不重视，这很难培养出满足社会发展的高素质创业型人才。同时，创业教育还存在教学方式单调，教学内容陈旧等问题，学生没有结合实践学习创业知识，导致创业教育的实效性受到很大影响。

（三）缺乏良好的环境氛围

对创业教育而言，环境氛围有很大的影响。只有构建一种良好的环境氛围，才能为创业教育提供良好的平台。就目前而言，我国高校的创业教育还缺乏一种良好的环境氛围。在高校内部，不管是在校园文化、激励导向，还是在人才培养方面，都没有向创业教育方面倾斜。同时高校的教学管理制度、相关政策等都没有与创业教育衔接在一起，使得创业教育不是一个完整的体系。由于校园创业教育活动载体本身比较少，缺乏相应的实施平台，导致大学生难以全面地参加到创业教育活动中。学校也没有对创业教育进行有效的宣传，使得校园缺乏良好的创业文化氛围，最终对大学生创业教育造成影响。

四、德育视角下的大学生创业教育模式

对于创业，首先要做到创"人"，创业教育是为了帮助创业的实现，也就是为了实现人的价值。因此，创业教育所培养出来的人必须具备良好的道德素养。如果缺乏必要的道德素养，就会严重地影响到创业质量，甚至会导致创业失败。因此，在创业教育中，应该

充分发挥德育教育的作用，实现创业教育和德育的全面结合。通过德育培养大学生的道德素养，通过创业教育培养大学生的创业综合素质，以此全面提高高校的创业型人才培养质量。

（一）发挥德育教育功能，营造良好创业氛围

在创业教育中，创业氛围和创业文化发挥着十分重要的作用。通过德育教育的逐步渗透，能在潜移默化中对大学生创业素养产生影响，促进大学生创业素质的提高。因此，在大学生创业教育中，应该充分发挥德育的渗透作用，塑造良好的创业价值观，加强创业文化精神宣传，构建科学的创业制度，以此营造良好的创业氛围。

在塑造大学生创业价值观时，应该重点培养大学生的竞争、合作精神，培养大学生良好的自信心和意志力。在进行德育教育时，要注重培养学生如何做"人"，并引导学生将知识转变为提高自身品质、能力、意志的重要途径。在创业教育中，应该加大创业成功案例的宣传力度，鼓励大学生学习优秀创业者身上的良好品质，以此帮助大学生构建完善的创业品质。在进行创业文化精神宣传时，首先要对创业教育有一个全面、正确的认识，让高校的每一个教师及学生能了解创业教育的价值，不断提高其对创业教育的重视力度。其次要尽量普及创业的基本知识、技能，并通过成功的创业案例，为大学生树立创业榜样，以此在校园内建立良好的创业文化，时时刻刻对大学生创业素质产生影响。在构建创业制度方面，高校应该对创业教育制定相应的支持政策，并加强对创业教育的激励。设立专门的创业服务部门，为大学生创业提供良好的服务，并制定相应的激励制度。对于创业表现良好、创业综合素质高的大学生，可以给予相应的奖励，以此激发大学生的创业热情。

（二）发挥德育教育动力，提高创业综合素质

创业是一个不断尝试、探索甚至是失败的过程。因此，创业者必须具备良好的素质。在创业过程中，创业者不仅需要具备良好的交际能力、组织能力、协调能力，还需要有坚韧的意志力、自信心。可以说内在素养是支撑创业者不断向前的动力。创业教育不仅仅是传授学生创业技能，更是培养学生的创业素养。在创业素养中最重要的就是意志力、自信心等内在素养。目前，在创业教育中，过于注重创业技能、创业能力等外在素质的培养，忽略了内在素养的培养。这就需要通过德育来唤醒学生的内在素养，从大学生的创业行为进行有效的引导。创业教育和德育教育的有效结合，在外能提高大学生的创业技能，在内能提高大学生的意志力，让大学生坚忍不拔，努力发展个人事业。

（三）发挥德育实践作用，培养学生创业能力

对于德育教育，要想真正发挥其作用，必须注重德育教育的实践作用。在德育教育过程中，应该充分注重德育实践活动的开展，让学生在接受德育知识的过程中，树立良好的创业兴趣，并感受创业过程，以此来为学生今后的创业活动奠定基石。以学生为中心，全面提高学生综合能力是高校教育的最终目标。因此，在对大学生进行创业教育时，应该充分尊重大学生的个体差异，通过德育教育教会大学生如何做人，通过创业教育教会大学生

如何创业，这样才能为大学生今后的创业提供良好基础，才能确保大学生在创业过程中真正展示自我。此外，在大学生创业教育中，要改变单一的教学模式，采用多元化教学方式，充分调动学生的创业兴趣，让学生积极主动地参与到创业中。

德育教育和大学生创业教育是良好的契合点。在进行大学生创业教育时，应该从德育教育的角度出发，一方面培养大学生良好的创业技能；另一方面培养大学生良好的道德素养、精神品质，以此满足新环境对创新型人才的需求。

第三章　现代高校德育教育创新研究

第一节　虚拟生存与高校德育教育话语

德育教育话语作为一种实践性言语活动，是教育主体间通过言语互动对德育教育内容进行描述、传递、评价、建构的符号系统，是对大学生进行德育教育的重要载体。虚拟生存的出现和发展，为德育教育话语实践创新提供了难得的机遇，但同时也给德育教育话语带来了严重的冲击和挑战。在虚拟生存视域下，传统德育教育话语弱化、话语失效等现象严重影响了大学生德育教育的实效性，德育教育话语创新已成为时代发展的必然要求。进行德育教育话语创新，必须更新话语理念、丰富话语内容、拓展话语传播途径、转变话语方式、提升主体话语能力，不断增强德育教育话语的传播力和影响力；构建适合德育教育发展的话语模式，提升德育教育话语的整体功效，最终实现德育教育的价值旨归。

2014 年 5 月 4 日，习近平总书记和北京大学师生座谈时指出："青年学生要修德，加强道德修养，注重道德实践。道德之于个人、之于社会，都具有基础性意义，做人做事第一位的是崇德修身。"2016 年 12 月，习近平总书记在全国高校思想政治工作会议上特别强调，要坚持把立德树人作为中心环节，把思想政治工作贯穿教育教学全过程，实现全程育人、全方位育人，努力开创我国高等教育事业发展新局面。习近平总书记的论断为大学生德育教育赋予了新的时代内涵，为高校人才培养工作提出了明确的目标。

新时期，随着互联网技术的迅速发展和日臻完善，"人类的生存方式正在发生重大的变革，这种变革以虚拟生存的崛起为重要标志。虚拟生存正在以空前的力度和速度改变着人们的思维方式、交往方式、认知方式和日常生活，并日益成为人们的一种新的生存形态"。这种数字化生存以其即时性、交互性、共享性和隐匿性等特点，成为大学生获取知识、实现人际交往和表达个人意愿的重要方式。

虚拟生存的出现和发展，突破了传统德育教育所受的时间和空间限制，丰富了德育教育话语内涵，拓宽了德育教育话语空间，但也使德育教育话语面临弱化、失效，甚至解构的威胁。面对虚拟生存给德育教育带来的双重境遇，大学生德育教育需要在把握多元化沟通交流需求的基础上，适时地做出转型、创新，形成推动德育教育工作改革创新的合力；

适应德育教育主体间的发展进程，逐步实现德育教育话语自觉，构建适合人才培养的德育教育话语模式。

一、德育教育话语内涵阐释

要诠释德育教育话语的基本内涵，有必要厘清话语等有关概念。话语是一种极为复杂的符号系统。从词源学考察，汉语语境中的话语有"说话、讲演和论述"之意。在现代英语中，话语对应的词为 discourse。据曼弗雷德·弗兰克（Manfred Frank）考证："'discourse'源自拉丁语 discursus，而 discursus 反过来又源自动词 discurrere，意思是'夸夸其谈'。"在英语语境中，discourse（话语）"可以做名词或动词用。作为名词用时，主要指交谈、辩论、正式讨论、语段、谈话等；作为动词用时，主要是指讲述、著述、交谈。"从话语的最初含义中可以看出，话语是语言应用功能的具体体现。它源于语言实践，是在人们的交往过程中所呈现出来的具体言语行为。诺曼·费尔克拉夫（Norman Fairclough）认为，话语是对主题或者目标的谈论方式，包括口语、文字以及其他的表述方式。而米歇尔·福柯（Michel Foucault）则认为，"话语是一种更为宏大的历史进程中的语言实践"。可以看出，语言实践是话语的本质体现。作为一种具有具体指向的言语行为，话语广泛存在和运用于人类交往实践的各个领域，它对于反映与构建社会关系、确立人的主体性地位都具有重要作用。

话语作为一种普遍的实践性言语符号，在不同的领域具有不同的内涵，形成具有学科特色的话语体系。从某种意义上讲，德育教育就是德育教育话语的表达过程。所谓德育教育话语，是指在德育教育实践中，教育者与受教育者通过言语互动而进行的用以交往、宣传、灌输、说服，以及描述、解释、评价、建构教育内容和主体间思想观念、价值取向和行为表征的言语符号系统。德育教育话语内容要通过一定的话语形式来实现，话语形式包括实践话语和文本话语。实践话语是教育主体在不同话语语境中所描述和传递的言语表达。文本话语是实践话语元素的积淀，是对实践话语的抽象描述。德育教育过程中的实践话语和文本话语这两种话语形式有机结合，构成德育教育话语体系。

德育教育话语是一个动态的发展过程。从发生学的角度看，德育教育话语是在德育教育实践过程中形成的，经过一定的积淀之后逐渐形成德育教育话语意识。从某种意义上讲，德育教育话语意识的出现是德育教育话语真正形成的标志。德育教育内容的传播就是依赖于教育者与受教育者之间的话语沟通实现的。因此，德育教育话语的一个重要使命就是正确地描述德育教育内容，实现教育者与受教育者之间话语的有效沟通，促进德育教育话语的良性、健康发展。

二、虚拟生存视域下大学生德育教育话语的现实境遇

（一）全球性多元话语淡化削弱了传统德育教育话语的影响力

全球化作为当代国际交往的一种方式，改变了传统社会封闭、内生的文化发展空间，

在多样化的文化差异中促进各种文化自我反省与更新，使各民族的文明成果在相互交往中成为人类的共有财富，形成以世界整体意识为基本特征的全球性话语体系。在"文化全球化"（culture globalization）话语场域中，由于"德育教育话语与全球性话语在理论层面上具有某些相通性，德育教育话语可以广泛地汲取世界各民族文化话语资源"，不断拓展和充实自己的话语内涵，为德育教育的创新发展提供有益的借鉴。但正如任何事物都具有两面性一样，全球性多元话语的生成和发展在为德育教育话语拓展新空间的同时，也将其置于复杂多变的多元社会话语环境中。一方面，德育教育话语作为一种区域性话语系统，相对于全球性话语而言是弱势话语，处于弱势地位，必然遭遇到全球性话语的渗透、解构，造成德育教育话语边界模糊，加剧了与异质文化话语的碰撞、对抗，使传统德育教育话语面临同化或解构的威胁；另一方面，围于"传统德育教育话语的解释容量难以适应现代社会多样性思潮的话语表达，难以适应大学生日益加强的个性价值诉求和人的全面发展的内心需求"。传统德育教育话语陷入低效，甚至失效的境地。在宽松、开放、多元的全球性话语环境中，德育教育面临着前所未有的话语困境。正如L.斯维德勒所说："我们可以越来越清晰地看到，当代各种文化和教育的所有层面上所面临的最大挑战是如何创造性地对付多元的世界观和视角彼此相碰撞而产生的强大影响。"

（二）网络话语的飞速发展降低了传统德育教育话语的吸引力

科技的进步和网络技术的发展使知识与信息的传播与持有发生革命性变革，由过去传统的单向性一维传播为时下立体的多维网状传播所取代。"作为一种新兴的传媒方式，网络所代表的虚拟世界，大大拓展了教育的生活领域"，拓宽了人们的交往视野并给人们带来全新的话语空间。重新定位人们在话语场域中的位置关系，促使话语双方主体间性关系的形成，从而不断提高高校德育教育话语的广度和深度。但是，"网络平台的自由平等与双向互动，打破了传统的话语传播壁垒。互联网成为教育者和被教育者平等对话的工具，这种无屏障和去中心化的传播方式，在很大程度上解构了传统的话语交往模式"，改变了话语内容的传播路径，突破了教育者原有知识结构所限定的范围。使传统的德育教育话语解释力匮乏或不足，从而逐渐失去原有的吸引力。另外，网络话语的飞速发展也部分地消解了德育教育话语主体的关系结构，教育者作为主导意识形态话语内容"把关者"身份的式微，使传统德育教育话语内容的真实性、有效性难以得到保证，客观上消解了教育者所营建的话语语境。传统德育教育话语功能弱化，甚至失效，德育教育话语发展面临的风险增加。

（三）主流意识形态淡化减弱了传统德育教育话语的辐射力

德育教育话语具有非常强的意识形态性，有着明确的价值导向。中国特色社会主义建设的伟大实践形成由道路、理论、制度和文化构成四位一体的理论基础，奠定了中国特色社会主义道路自信、理论自信、制度自信和文化自信的理论基石。以四个"自信"为核心的主流意识形态话语为大学生德育教育内容注入新的内涵。在全球化交往环境中，传统德育教育中的马克思主义意识形态性话语同西方社会所主导的"西化"话语接触、交流、渗透、碰撞，各种话语之间的角力进一步加剧了德育教育话语冲突。特别是在社会转型背景下，教育主体价值观念的多样性是导致德育教育话语面临挑战的最主要因素。教育主体间的思想观念、价值取向、生活方式等发生巨大的变化，尤其是随着文化全球化进程的不断深入，在"自由民主""政治民主""普世价值""文化中立"等旗号下，一系列淡化主流意识形态的现象，诸如新自由主义、民主社会主义、历史虚无主义、后现代主义、非理性主义等社会思潮的话语正迅速泛滥、蔓延。在与各种社会文化思想潮流话语的碰撞、对决中，传统德育教育话语权逐渐遭到不同程度的消解或压制。加之传统德育教育话语的滞后和解释力不足，使我国德育教育的"主流话语"在抗衡西方"自由话语"的过程中陷入被动，造成德育教育的方向性变得越来越模糊；德育教育话语所承载的价值存在的合理性受到冲击，德育教育话语在高校德育教育实践中的价值功能无法实现，从而影响了德育教育话语功能的发挥。

三、虚拟生存视域下大学生德育教育话语创新的建构路径

（一）更新话语理念，建构德育教育的新范式

理念创新是德育教育话语创新的灵魂。在教育实践中，话语理念是由话语主体关系、话语内容、话语方式等来体现和落实的。在传统德育教育中，话语主体间的关系是一种话语持有者与接受者的恒定状态，话语内容由预设性话语和权威性话语所组成。在新媒体创设的话语环境中，要实现德育教育话语的良性发展，应以发展的视角重新审视和理解话语主体和话语内容，更新话语理念。一是树立平等对话理念。要坚持以人为本，转变传统的单向灌输的话语理念，将传统高度概括的控制式话语、劝导式话语转变为贴近大学生实际的平等式话语、对话式话语。消除话语霸权，促使受教育者话语权的回归，确保教育者与受教育者都享有平等的话语权。进而创新教育者与受教育者之间的平等对话机制、相互尊重机制，以及教育者的话语引领机制等。二是树立话语和谐共生理念。和谐共生是德育教育话语发展的价值指向。德育教育话语和谐共生是德育教育话语和谐发展与良性共生的有机结合。构建和谐发展的话语观，需要调整话语主体间的关系，丰富话语内容，转变话语方式，尽可能地形成科学的话语合力；构建良性共生的话语观，就是话语间性、话语内容、话语语境、交往方式之间相互协调、相互促进，并耦合在一个话语整体中。通过话语和谐发展与良性共生的互补，最终实现和谐共生的德育教育话新范式。

（二）丰富话语内容，重塑德育教育新体系

内容创新是德育教育话语创新的基础。德育教育作为一项具有明确价值取向的社会实践活动，应注重话语内容与教育主题、教育环境以及教育主体认知能力的有机结合；体现德育教育话语的实际效果，强调德育教育话语内容的应用性和社会适应性，反映德育教育话语在受教育者思想引导中的实践特色。在虚拟生存视域下，实现德育教育话语内容的创

新，需要在继承和扬弃传统德育教育话语内容的基础上不断优化整合。并结合当前的社会发展环境和大学生的实际需求，积极借鉴网络话语、传统文化话语等话语资源，不断丰富德育教育话语内容。具体而言，首先，要推进传统德育教育话语内容的现代性转换与革新。通过对传统德育教育话语内容重新梳理、整合和提炼，挖掘传统德育教育话语精华，不断延长传统德育教育话语的解释链条，拓展其内涵和外延，并赋予其鲜明的时代特色。推动传统德育教育话语转向，实现德育教育话语的再生产。其次，要善于从中国特色社会主义的伟大实践，以及大学生的现实世界和虚拟世界中汲取新话语资源。"要大胆借鉴网络话语中的一些健康、有益、良性的话语，借鉴一些符合大学生群体的话语内容和话语形式"，从中找到它们之间的契合点。并将这些话语资源吸收到德育教育中，从而丰富和发展德育教育话语资源库。最后，还应吸纳中国传统文化的话语精髓，以及其他人文社会学科与现代科学发展的最新话语成果，并批判性地继承，使其为我所用。提升德育教育话语的文化内涵，增加德育教育话语的内容含量并建构新的话语体系。

（三）拓展话语传播途径，开辟德育教育新平台

话语的传播和应用，是德育教育话语体系的一个重要组成部分。"传播信息越多，趋同程度越高；而传播越少，趋异程度越高。"通过形式多样的传播载体加强对德育内容的传播，是促进大学生对德育教育理解与认同的重要方式。在互联网时代，德育教育内容的传播和普及，需要积极开发和利用有效的传播载体，来增强德育教育的吸引力、影响力和渗透力。从实践经验看，推动德育教育话语传播需要做到两点：一是构建科学的话语传播渠道。在大众传媒时代，德育教育话语内容在主体间的传播需要借助一定的载体和平台。它既可以借助传统的言传身教、报纸杂志、广播电视等媒介，也可以借助 QQ 群组、博客等网络社区，以及新兴的微博、微信等新媒体平台，以此促进德育教育内容的传播与广泛接纳，拓宽高校德育教育话语的辐射空间。建立结构有序、覆盖全面的德育教育传播网络，提高话语传播的广度和效度，走出话语传播的困境。二是建立有效的话语反馈机制。德育教育话语反馈机制调节着各个环节的发展与演进过程。话语传播者可以从受教育者的反馈中，了解到其对德育教育内容的接受程度，了解受教育者的话语兴趣点和需求点，检验创新后的德育教育话语传出的知识信息效度，为德育教育话语创新提供了依据，提升了德育教育话语的整体功效，切实推进了德育教育话语的创新和发展。

（四）转变话语方式，探索德育教育的新模式

方法创新既是促进德育教育话语创新的重要途径，也是衡量德育教育话语创新发展水平的一个重要尺度。科学合理的话语内容只有使用喜闻乐见的话语方式表达出来，才能提升话语内容的趣味性和有效性。在当前的教育环境中，德育教育话语方式的创新，可以在坚持德育教育核心话语的基础上，通过话语建构方式的优化和话语表达方式的更新来实现。具体地讲，一是优化话语的建构方式。德育教育的良性发展需要消除话语霸权，促使教育者与受教育者享有平等的话语权，实现教育主客体间的平等交流；应重视教育主体间的话

语差异，不断创新话语表达方式，实现教育者与受教育者的有效沟通；还要推进德育教育话语与其他学科话语之间，以及德育教育话语中的历时话语与即时话语的共生发展。二是更新话语的表达方式。多元的话语表达方式是提升话语吸引力的重要方法。教育者应充分重视新媒体这一信息传播媒介，摒弃传统的从概念、定义等纯理论角度解读的方法，以及传统的控制式、劝导式等话语方式，采用交互式、参与体验式、辩论式、对话式等多元话语表达方式。当前，最具实效性的话语表达方式是对话式。这种话语方式"表征着教育者与受教育者之间是一种民主交往关系，双方拥有平等的话语权。教育者与受教育者可以采取自愿、自由的方式展开对话。并且这种对话不是封闭式而是开放式的，双方都能敞开各自心扉进行真诚交流。相互之间更易达成真正的理解与共识"，最终实现教育者与受教育者"共情境"的和谐共生状态。

（五）提升主体话语能力，构建德育教育新机制

一是培养教育主体的话语创新思维。在德育教育过程中，教育主体应善于通过思维活动不断察觉和把握话语创新问题，发现德育教育话语体系的实有状态与应有状态之间的差距，实现有效的创新，并最终达到德育教育话语的目标状态。教育主体还应拓展自己的思维模式，推动创新和参与、接受创新客体相互配合，打破教育者与受教育者之间信息不对称的状态，完成教育主体创新思维由单向思维向双向思维、一维思维向多维思维的转变，更好地实现全面创新。二是培育教育主体的话语能力。当前，德育教育发展的阶段性特征和"立德树人"的现实需要，亟待提升教育主体的话语能力和话语实效。教育主体要进一步落实"育人为本，德育为先"的理念，不断学习与德育教育相关的理论知识。遵循德育教育工作规律、教书育人规律，以及学生的成长规律，不断提升德育教育教学的科学化水平；还要适应全新的网络教育环境，掌握基本的网络知识和操作技能，熟练地运用网络话语这一新的传播媒介，提升德育教育话语的感染力，实现师生间的有效沟通，消除话语鸿沟，切实提升现代德育教育话语的实效。

第二节　体育精神与高校德育教育

体育精神是所有运动健儿的信仰，它不仅代表着当今时代体育发展的整体风貌，还代表着公正公开的竞争规则。顽强拼搏、永不放弃的竞争态度，是所有体育事业人员共同的努力方向。对于大学生来说，体育精神也是德育教育中重要的组成部分。它能够树立规则意识，培养大学生不轻言放弃、勇往直前的意志品质。为此，本节采用文献资料法等研究方法，以体育精神的内涵为切入点，对体育精神对大学生德育教育的培养展开研究，以期通过体育精神来提高当前大学生的思想道德水平。

高效率的高校体育教学会给大学生的未来发展带来很多好处。大学生进行适当的体育

锻炼不仅能提高自己的身体素质，还能缓解紧张的学习压力，所以越来越多的高校开始重视高校体育的授课效果。体育精神是体育活动的体现，同时也是大学生德育教育过程的重要组成部分。因此，在高校体育教学中，教师应把体育精神教育与德育教育联系起来，这样才能在提高大学生身体素质的同时培养他们的道德素质。

一、体育精神内涵概述

体育精神是人们在体育运动逐渐发展过程中形成的一种文化意识，它能够体现体育运动中蕴含的精神和文化，表现运动员的精神风貌，展现体育人的无穷智慧和努力。从某种程度上来说，体育精神可以改善运动健儿的竞技状态，提高竞技水平。有了体育精神的出现，体育运动被提到了一定的境界。

体育精神有利于增进世界各国人民的团结，是运动员的最高信仰。正是因为体育精神的存在，各国运动员才能够公平公正地进行各种体育竞技比赛和体育运动。即使赢得了比赛也不骄傲，没有赢得比赛也不气馁。勇于拼搏，不轻言放弃，正是体育精神的体现。

体育精神并不单单作为一种理论供大学生学习，它要通过不同的体育运动展示出来，让运动员和观众都能体会到体育精神的存在。通过比赛来展现公平公正、勇于拼搏的体育精神，不仅激励着运动健儿为国争光，还鼓励着所有中国人为中国梦和自己的梦想而努力奋斗。

二、体育精神对道德层面的体现

（一）体育健儿为国争光体现爱国主义

在体育运动的发展过程中，涌现了无数为国争光的体育健儿。他们为国家带来了无数荣誉，使中国逐渐成为一个被世人所认识的体育强国。他们每天重复着枯燥的训练，过着宿舍和训练馆两点一线的生活，很少有休息和陪伴家人的时间。为的只是不断提升自己的专业技能和竞技水平，使自己保持最适合参加比赛的竞技状态，即使身体满是伤病也依然坚持，在世界级的各大比赛中取得了不俗的成绩，为国家争光，这种体育精神的展现正是受到了爱国主义的鼓舞。

（二）勇于拼搏体现为了梦想不懈奋斗

体育运动能够磨炼人的意志品质，体现人们为了胜利勇于拼搏的精神。在体育竞技比赛中，运动员为了自己所属的团体努力拼搏，争取为自己的一方取得更好的成绩，这样的体育竞技比赛能够培养大学生的拼搏精神和对胜利的渴望。这种可贵的精神正是大学生在追求梦想的道路上所必须具备的，能够不断激励他们为梦想不断前进，努力学习。所以体育精神中包含的勇于拼搏精神激励着大学生为追求自己的梦想而奋斗。

（三）尊重规则体现了公平意识

为了使体育竞技活动更加公平，国际运动委员会为各项体育运动制定了相应的规则，规则的存在能够使体育运动更加有秩序，为最后的胜负提供了一定的依据。当然规则的存在不单单是为了分出胜负，它能够使整个体育运动的过程更加平等，运动员能够站在同一平台上比赛。对于大学生来说，学习尊重体育运动的规则能够培养他们的公平意识，加深对公平状态的理解，意识到规则的作用，以便更加顺利地建立公平意识。

（四）团体协作是集体主义的重要体现

体育运动中包含许多团体运动，如篮球、排球等球类运动。这些运动都属于团体运动，需要各个队员之间相互配合。每名队员都需要发挥各自的长处，与队友互相沟通，不能在运动中只想着展示自己，要懂得与队友配合。一个人的成功并不是成功，只有队员之间相互合作，最后队伍取得成功才算真正的成功。这样的体育运动能够锻炼学生的团队合作能力，让学生明白配合的重要性，有利于对学生进行集体主义精神的培养。

（五）永不放弃体现了坚忍的意志品质

坚持体育运动能够不断提升自己的身体素质，同样有些体育运动对身体素质的要求比较高，如游泳、长跑等是对体力和心肺功能都有一定要求的有氧运动。这些对体力要求较高的运动需要我们学会坚持，一般来说，长跑的最后几百米都是靠意志力拼下来的。当体力被耗尽之后，意志力能够支撑我们完成剩下的运动量。意志坚定的人往往可以坚持直至整个运动结束，而意志力薄弱的人可能会选择半途放弃。体育精神提倡永不放弃，这种精神是坚持不懈的体现，能够培养人的意志品质。

三、以体育精神对大学生进行德育教育的途径

（一）集体观看较为重大的体育赛事

对于当代大学生来说，进行德育教育是非常重要的。德育教育主要包括爱国主义情感、集体主义和意志品质的磨炼。教师不仅应注重体育活动的实践，还应通过其他方式进行体育精神的传递，进而做好德育教育。教师应组织大学生观看奥运会等重大赛事，通过观看运动健儿在赛场上的飒爽英姿，来体会体育运动的魅力。并从比赛中感受运动健儿的爱国主义情感，从而激发其对国家的热爱。通过观看运动健儿为国家拼搏的过程，激励自己不断拼搏努力，为梦想不断奋斗。

（二）适当开展多人参与的体育活动

为了进一步发扬和传递体育精神，教师应针对学生的课堂状态创新教学内容和教学方式，可以适当开展多人体育活动，如组织班级排球友谊赛、拔河比赛，2人3足跑等需要多人配合的体育活动，不仅能够让学生充分享受体育课堂的时间，还能够让学生意识到队友之间互相配合的重要性。让学生在体育活动中培养自己的集体意识，在今后的学习和生

活中学会以大局为重。增强大学生的集体荣誉感，让学生学会为班级荣誉着想。

（三）借助体育活动培养规则意识

随着教育改革的不断推进，在体育教育过程中对大学生进行德育教育的做法被越来越多的教育者提倡。体育活动不仅能够放松学生紧张的学习情绪，还能让学生学习体育精神，在体育精神中悟出做人的道理。任何一项体育运动都是讲究规则的，没有规矩不成方圆。在平时的学习和生活中，大学生要时刻树立规则意识，尊重规则。而进行体育活动恰好能培养大学生的规则意识，减少早退、迟到及无视课堂纪律等不尊重规则的课堂情况出现。

（四）适当开展与体育运动有关的竞赛

体育分为两种，分别是竞技体育和全民体育。一般来说，竞技体育属于为国争光的运动健儿的专有名词，通过紧张刺激的比赛形式决定排名；而高校体育课大多普及全民体育的运动形式，倡导学生在体育课堂上锻炼身体。虽然这种教学方式对学生的身体素质提升是十分有利的，但不适合融入德育教育。教师应适当改变教学方式，在一定程度上加入竞技体育的运动方式，适时开展体育竞赛，培养学生之间良性的竞争关系，以便于大学生能够更好地朝着目标努力。

（五）面向高校学生推广体育文化

现阶段，各大高校对体育文化的推广强度还不够，许多学生无法切身体会体育精神的内涵。在德育教育过程中，光凭理论知识的讲解是远远不够的，还需要在实践活动中让学生真正体会到提高自己思想素质的重要性。体育活动作为德育教育的载体，能够让学生切身体会品质培养的过程，意识到德育教育的重要性。所以，各高校应大力宣传推广体育文化，让体育文化影响每一名大学生，以此促进德育教育的发展。

体育精神是引导大学生参与体育运动的主要动力，在高校体育教学中通过体育精神的培养，将更有利于培养大学生良好的思政品质及更加全面地发展自己。因此，在高校体育教学中，教师在授课过程中要让学生认识到，体育精神是德育教育不可缺少的部分。并借助各种体育活动来向学生传授体育精神，让学生认识到体育精神教育的重要性。深刻理解并努力发扬体育精神，让学生树立规则意识，遇到困难不轻言放弃。让学生在体育精神中不断体会人生道理，将体育精神融入德育教育。

第三节　微信公众平台与高校德育教育

在信息大爆炸时代，微信成为当代大学生最为重要的网络学习和社交工具。截至 2016 年 3 月，微信用户人数达到 6.97 亿，其中 18 ~ 25 岁年龄阶段的用户比例达 45.4%。而正处于 18 ~ 22 岁这一黄金时期的大学生，接受新兴事物能力强，且有着强烈的交友需求，无疑成为微信的主要用户群体之一。微信不仅扩大了大学生的社交范围，而且拓展了他们获取知识的渠道。微信公众平台是开发者或商家在微信公众平台上申请的应用账号。该账号与QQ账号互通，通过公众号，商家可在微信平台上实现和特定群体的文字、图片、语音、视频的全方位沟通、互动，形成一种主流的线上线下微信互动营销方式。自2012年推出以来，微信凭借其交流的及时性、推送内容的真实性、绑定服务的实用性、受众范围的广泛性等特点，受到大学生的青睐。同时也为大学生德育教育提供了拓展教育方式、传播道德价值的新载体，为高校思想政治教育搭建了与时俱进的平台。

一、微信公众平台在大学生德育教育中的作用

（一）群众基础为高校德育教育开创新的教育平台

"90后"大学生是大学校园的主体，他们敢于颠覆主流和传统，更加注重个性化，是新型技术的主要传播力量和应用者。微信公众平台因其操作的简便性、人际交流的高效性、内容推送的丰富性、消息推送的针对性等特点，符合青年学生的消费观念、生活方式和交流习惯，深受青年学生的追捧和热爱。高校德育教育工作者普遍接受过高等教育，善于接受新兴事物，这为微信公众平台在大学生德育教育中的应用提供了良好的群众基础。

高校微信公众平台是结合学校实际情况建立的，其发布的内容、信息与学生日常生活、学习、工作息息相关。目前，各高校微信公众平台发布的内容涉及校园新闻、场馆服务、学生活动、通知公告、心理健康、求职就业等方面。这些内容都是学生密切关注的，学生对这些内容具有强烈的需求与依赖。因此，微信公众平台成为学校与学生沟通强有力的桥梁与纽带，使之前学生对思想政治教育形式内容的抵触心理，得到最大限度的减少。

（二）双向传播模式有效提升高校德育教育的针对性与效率

在传统的高校德育教育模式下，往往是凭借一张嘴、一本书、一块黑板、一支粉笔来进行教育。对于大学生来说，这样的教育模式只是单向的上对下的填鸭式教育，没有足够的吸引力和感染力。而图文并茂、内容活泼、寓教于乐的微信公众平台，为大学生德育教育提供了新型的教育方式与手段。

微信公众平台在大学生德育教育中突破了传统"学校—学院—辅导员—班干部—学生"的教育模式，高效地完成了学校至学生教育的直接传达。这种教育模式并非单一的上对下的关系，而是一种双向互动的传播教育模式。在推送内容的同时，学校可以在平台中对所接受的内容进行意见的表达。收到信息反馈之后，亦可以根据实际内容有目的地发送相应信息作为补充，以达到更好的德育教育效果。教育传达时间的大幅度缩短，使得德育教育的目的性、准确性提升，有效避免了中间环节带来的迟滞性并减少了传递误差。

（三）为传统德育教育增添了新的教育内容、方法和手段

以微信为主的自媒体平台冲破了传统的德育教育在空间、时间上的限制，通过文字、图片、视频等技术手段，为德育教育提供了一个更加开放、自由和参与程度更高的互动平

台，丰富了德育载体，拓展了大学生获取信息的渠道，易引起大学生内心层面的认同。高校创建的官方微信公众平台，打造了一个虚拟的网络环境，使得教育者在隐匿其身份的情况下，摆脱了与学生面对面的沟通紧张之感，拉近了教育者和被教育者之间的距离。

在高校微信公众平台的教育下，学生可以轻易地表达自己的看法，容易引起学生心理层面和态度层面的积极转变，教育者也可以随时随地地开展德育工作。但值得注意的是虚拟的微信公众平台教育方法，并不能代替传统的实际的德育教育方式。因为虚拟的网络世界，并不能完全表达对方的感情，会让人感受到一丝冷漠。这就需要辩证地看待现实中的德育方式同虚拟的德育方式。应将二者有机结合，重视微信公众平台在高校德育教育中的应用，但传统的教育方式也不能摒弃。

二、微信公众平台在大学生德育教育中应用的原则

微信公众平台为大学生的德育教育提供了良好的平台，其完善的功能、鲜明的特点为德育教育奠定了良好的基础，但微信公众平台在大学生德育教育中应用时应注重以下几个原则：

（一）注重双向性原则

微信公众平台最大的特点就是双向性，即学生—学校之间的双向性。高校建立微信公众平台之后，其推送的内容不能放任不管，而应当注重学生的主动关注及其反馈。同时学生可以自由选择所关注的内容。只有被学生接受并认同的内容，才是高校微信平台存在的基础。因此，学生关注与希望学生关注如何达到统一，认同与被认同才是根本。

（二）注重服务性原则

高校微信公众平台是大学生德育教育的重要载体之一，其另一个重要功能就是服务作用。学生工作是管理育人工作，更是一种服务育人工作。微信公众平台作为德育教育的载体、方式和手段，其本质是为学生服务的。在运用微信公众平台进行德育教育的同时，应始终坚持以学生为主，以学生的需求、困惑和心理状态等为主要关注内容，及时答疑解惑，坚持以学生为本的服务理念。

（三）注重内容的丰富性

创新教育方法是实现大学生德育教育目的的必然要求。在新时期，利用微信公众平台进行大学生德育教育，必须有的放矢，针对不同的问题采取不同的方法。如果仅是将传统的教育方式拿来主义地照搬到高校微信公众平台，这不仅不能引起大学生的普遍认可，教育效果不明显，有时甚至还会引起反作用。

在实践中应将德育教育的内容普遍融入日常进行的微信互动环节，不断淡化教育者的角色，充分考虑受教育者的内心需求，这样才能摆脱传统的填鸭式教育模式，更好地实现德育目的。在微信公众平台德育教育中，要根据学生的性格特点、不同的事件特点对应处

理，使学生个体得到尊重，有利于受教育者发挥主动性和自我教育性，也有利于个性的塑造和发展。

三、微信公众平台在大学生德育教育中应用的认识和思考

（一）注重互动性，促进师生之间的情感交流

微信公众平台作为当今主流的互动交流媒介，在大学生德育教育中能够突破传统的以教师为教育主体、学生为被教育者的被动式教育方式，使教育者和被教育者真正在互动、平等的情况下进行沟通、交流。

微信公众平台提供的交往方式相对于课堂教学、班级例会、个别谈话等方式，显得更为轻松、和谐、愉快，教育者可以随时随地关注到学生的心理活动状态。学生也可以根据平台所发布的内容，了解老师的最新动态，二者之间不再是对立的关系。在平台的互动留言中，教育者和被教育者可以在互动中了解彼此的观念、意见和感兴趣的话题。教育者可以根据留言内容及时给予一定的评论、肯定，使二者在交流和沟通的过程中建立起信任和合作，进而拉近距离，加强师生的情感互动。

（二）注重心理辅导，改善德育教育方式

当前，微信已成为学生表达情感的重要平台，学生往往通过微信朋友圈将自己的思想以文字、视频、图片的形式进行表达。微信公众平台具有一定的虚拟性，教育者可以通过与学生互加关注，及时了解学生的最新状态，并将相关内容在微信公众平台上进行疏导。这样，有利于打开学生心扉，进而缩小心理差距，将不能说的秘密、故事公开，去除学生心理的疙瘩，降低心理风险。

（三）注重学生参与，广泛提升微信公众平台的关注度

在高校微信公众平台运行过程中，学生运营参与必不可少。在此期间，可以将学生作为平台信息的采集者、编辑者、发布者，同时又可以将其作为信息的接收者。

学生运营者对学生群体近期关注的热点问题更为了解，在信息收集、整理过程中更接地气，能普遍提升阅读量。同时，通过"学生运营，服务学生"的原则，实现静默认同及身边感染，让学生成为教育者的一部分。通过微信公众平台开展大学生德育教育，就要充分发挥学生群体本身的力量。通过对少部分学生的教育实现引导大多数学生群体教育的目的，更好地实现学生自我教育、自我管理和自我服务的"三自教育"理念。

（四）注重学习借鉴，充分吸取他人所长

对于高校德育教育者而言，在繁忙的工作中抽出时间学习和考察校外德育教育经验的机会较少，因此在学习时间和提升方面存在一定的局限性。微信公众平台作为一种开放的教育模式，为高校德育教育者提供了学习的平台。

高校德育教育者应根据自身微信公众平台德育教育的特点，添加其他兄弟单位甚至是

社会上德育教育做得好的公众号，随时随地地了解他人所长及其先进的工作方式与方法，得到一定的提示与启发，以便进一步发挥高校微信公众平台德育教育的优势。

第四节 社会情绪与高校德育教育

随着心理学和认知神经科学的发展，我们对影响社会生活和人们行为的社会情绪的认识也不断深入。通过分析几种主要的社会情绪研究，我们总结出学校在对大学生进行德育教育时，重点需放在培养亲和性情绪、消除攻击性情绪两方面。遵循社会情绪规律进行引导时具体应做到五点：激发自豪情感，避免盲目自大；培养感戴意识，积极回馈社会；区分羞耻内疚，鼓励知错能改；合理疏导愤怒，提高自身修养；克服忌妒情绪，杜绝幸灾乐祸。以上启示在操作性层面对培养学生健康正确的、与社会主流价值相适应的道德素养提供了建议。

党的十八大提出的社会主义核心价值观，从个人行为层面凝练了"爱国、敬业、诚信、友善"的价值准则。这是公民的基本道德规范，同时也为当代大学生道德品质教育提供了指导思想。如何在操作层面落实这一指导思想，切实提高大学生的道德素养，可以从社会学、心理学、教育学等多角度进行实践总结和经验探讨。

"爱""敬""诚""善"传承于中华文化精髓。早在春秋时期，孟子便提出了"四端"说，认为"恻隐之心""羞恶之心""恭敬之心""是非之心"是社会政治生活的基础。而在当代心理学研究中，"爱""敬""诚""善"包含于社会情绪这一概念之中，并在道德生活和社会生活中发挥着重要作用。社会情绪（social emotion）指在社会交互中产生，并对人的社会行为或倾向产生影响的情绪反应。人的行为很多时候是非理性的，受到需求、冲动、好恶等情绪因素的驱动。早在 20 世纪末，美国就开始开发专门的社会情绪学习（Social and Emotional Learning，SEL）课程并在全球推广，旨在发展技能、态度、价值观以获得社会情绪能力。随着心理学和认知神经科学的发展，我们对影响社会生活和人们行为的社会情绪的认识不断深入，已经积累了不少研究。对已有结论进行梳理和总结，将有助于为大学生的德育教育工作提供崭新的视角和有效的建议。

Rudolph 等人在总结前人成果的基础上，归纳出在社会生活层面有重要意义的情绪大约有 23 种：敬畏（awe）、蔑视（contempt）、感戴（gratitude）、厌恶（disgust）、同情（sympathy / compassion）、尴尬（embarrassment）、内疚（guilt）、自豪（pride）、羞耻（shame）等。研究者根据引起社会行动性质的不同进一步将社会情绪分为亲和性情绪和攻击性情绪。亲和性情绪，如内疚、感戴，能够有效地促进个体的亲社会行为，有利于人际和谐和社会稳定；而攻击性情绪，如愤慨、忌妒，则增加个体的攻击性行为，对个体心理健康和社会长远发展有不利的影响。在对大学生进行德育教育时，从培养亲和性情绪、消除攻击性情绪两方面同时着手，才能取得最好的效果。

一、社会情绪研究在培养亲和性情绪方面的启示

Rudolph 和 Tscharaktschiew 从功能的角度，进一步将社会情绪分为正性情绪和负性情绪。具体而言，正性情绪可以鼓励亲社会行为不断持续，如自豪、同情、感戴等；而负性情绪，如内疚、羞愧、厌恶等，则会抑制不恰当行为的产生，并改变或调整个体当前的不当行为。从某种角度上来讲，无论正性情绪还是负性情绪对个体和社会都存在一定的积极意义，对促进社会文明和发展起着重要作用。由于产生机制和作用不同，我们进一步对主要的几种作用进行分析，总结出在进行德育教育时应注意的事项。

（一）激发自豪情感，避免盲目自大

自豪情绪通常被认为是正向积极的情绪，能激发对自身和社会群体的积极认知，并促使个体产生更多的有社会价值的亲社会的行为表现。然而，当前研究者普遍认同自豪具有两个维度。真正自豪特质的个体通常表现出合作性、宜人性、情绪稳定以及责任心等人格特征，极容易做出合作、助人等社会行为，很少做出负性道德行为。而自大自豪特质的个体更容易出现慢性焦虑、侵略、敌意和其他一系列反社会行为，如吸毒和轻微的犯罪行为等。

当个体将取得的成就归因于自身努力或能力时，会体验到自豪情绪，但也很容易走向自大的误区。在对大学生进行德育教育的过程中，要充分引导学生体验个体成就，形成积极的自我评价。同时要提倡兢兢业业、脚踏实地，避免盲目自大。

（二）培养感戴意识，积极回馈社会

感戴是指个体能够识别他人在其积极体验过程中所给予的恩惠或提供的帮助，并且能够带着感激之情对此做出反应的一种普遍化倾向。研究者提出三个决定感戴程度的因素：助人者的意图、助人者帮助他人需要承受的代价和受助者对帮助的需求程度。一个人如果以自我为中心，低估他人的好意和付出，视他人的恩惠为理所当然，感戴就无从谈起。甚至，当他人没有及时提供帮助或提供的帮助达不到预期水平时，不但没有感激还会心生怨恨。因此，德育教育要善于引导学生捕捉生活中的点滴、感受生活中渗透的关爱与恩惠。

不仅如此，还要积极引导青少年知恩于心、体恩于情、践恩于行、知恩图报、把感戴认知和感戴情感转化为感戴行动。例如，受到帮助要对别人的帮助真诚道谢，通过感谢信等文字表达谢意。同时，不仅对给予自己恩惠的个体以回报，还应培养社会情怀。鼓励大学生用参加义务献血、志愿者活动和环保卫士等公益活动等方式回馈社会、服务大众。

（三）区分羞耻内疚，鼓励知错能改

羞耻和内疚都是相似的两种负性社会情绪，涉及一定的负性自我评价并伴随着回避表现，但两者存在一定的区别。首先，从自律意义上讲，内疚比羞耻将对人的行为产生更持久而深远的影响。羞耻是比内疚更公开化的情感，是个体在公开的暴露和反对中产生的，

而内疚则代表着良心受到冲击后产生的更私人化的体验。其次，从心理健康的角度来说，内疚的个体主要针对某种特定行为，后悔事情本身。而羞耻常伴随有个人无能、缺陷和失败感。后者对个体心理健康发展极其不利。最后，从归因的角度来看，羞耻之人通常认为自己受到了伤害，可能并不认为自己对事件负有责任。而内疚之人更多的是意识到自己伤害了他人，并应该对某件事情负有责任。

神经科学研究者考察了内疚相关的神经活动与补偿行为之间的关系，发现补偿行为可能是由内疚引发。由此，我们在对大学生进行德育教育时，当学生做出诸如作弊、撒谎等不道德行为时应注意教育方法，避免公开羞辱学生，伤害学生自尊心。而应更多激发学生的内疚情绪，鼓励学生以实际行动弥补错误。

二、社会情绪研究在消除攻击性情绪方面的启示

（一）合理疏导愤怒，提高自身修养

从心理学上来讲，愤怒是个体的目的不能达成或者一再受阻，从而逐渐积累紧张而产生的情绪。愤怒情绪对于还在青春期的大学生来说比较常见，通常会对学生的身体健康以及人际和谐产生破坏性影响。高攻击行为者尤其是高冲动攻击行为者，大多存在情绪调节方面的缺陷，不能很好地疏导愤怒情绪，最终导致做出违反国家法律或道德规范的事情。

长远来看，愤怒情绪的调控依赖自身修养的加强和容忍程度的提高；短期而言，愤怒情绪的调控需要培养和掌握一定的认知行为技巧。因此，可以通过心理健康教育课程和团体辅导等方式，在大学生群体中普及认知重构、积极暂停、放松训练等技术，让学生通过不断的训练和实践来提高情绪自控能力。

（二）克服忌妒情绪，杜绝幸灾乐祸

忌妒是因他人优于自己而产生的一种愤怒、焦虑、背叛和痛苦综合的情绪体验。在忌妒之下，还有一种更为内隐性的情绪，即当他人，尤其是忌妒对象遭受不幸时体验到的一种快感，即幸灾乐祸。忌妒和幸灾乐祸常常产生于个体将自己与他人进行社会比较的过程中。这可能使人丧失正确的判断能力，导致不当的伤人或伤己行为。

随着对此类社会情绪研究的深入，德育教育工作者逐渐开始重视对此类内隐性攻击情绪的引导。对忌妒类情绪进行疏导时，首要任务在于培养正确的自我意识。通过心理健康等课程以及课堂外学生活动让学生对自己的长处短板都充分了解，充分发挥自我优势，并不断提升自己的其他能力。另外，培养学生长远眼光，开阔眼界，豁达心胸，悦纳自己。同时不要急功近利，计较一时一刻的得失。

当前我国民众的社会情绪总体上是积极健康的，但随着改革的深化和经济的发展，价值观模糊、社会信仰缺失和社会压力等社会问题助长了大学生的攻击性的社会情绪。如何践行"爱国、敬业、诚信、友善"的社会主义核心价值观，培养亲和性情绪并消除攻击性情绪，需要社会、家庭和学校三位一体形成合力。对于担负着引导学生形成正确社会情感、

树立正确社会价值观导向重要职责的大学教育而言，学校和教师应通过理论学习提升自身引导水准，遵循社会情感发生发展规律，积极把握学生各种不同的社会情感特征，进行有意识、有针对性的引导。最终让学生形成健康正确的、与社会主流价值相适应的社会情感价值，成为真正德才兼备的、有利于社会进步的储备人才。

第五节 红色文化与高校德育教育

红色文化是中国共产党领导中国各族人民在革命斗争和建设实践中所形成的伟大革命精神及其载体，是加强高校思想政治理论教育的优质文化资源。发扬红色文化的德育功能有利于探寻红色文化在大学生德育教育中的时代价值，探索新时期高校思想政治教育的新途径、新方法。

红色文化是我国革命时期产生的特有文化形态，近年来随着社会主义现代化建设事业的深入发展，特别是社会主义精神文明建设的迅速发展，红色文化的作用更加凸显，红色文化是高校开展思想政治工作的重要载体和有效途径。

一、红色文化的内涵及特点

红色文化是中国共产党领导人民在革命建设、改革阶段形成的历史遗存、革命精神和优良传统，是中国共产党和中国人民宝贵的精神财富和独特的政治资源，是以爱国主义为核心的民族精神的凝聚，是中国先进文化的载体，是马克思主义中国化的历史见证，是社会主义核心价值体系的重要精神源泉，是开展红色旅游的重要载体，也是高校辅导员进行思想政治教育的鲜活内容。红色文化具有鲜明的特点：

（一）红色文化具有独特性

红色文化是在中国革命、建设、改革年代特定的历史环境下形成的，是中华民族宝贵的精神财富和物质财富，是中华民族传统文化精神与时代精神的有机结合，具有时代的记忆和烙印，是独特的文化资源，是中国历史文化遗产的有机组成部分，是具有独创性和特殊性的一种资源。

（二）红色文化具有文化性

它具有文化遗产价值，既是物质遗产，也是非物质遗产。它既有红色文化精神层面的内容，如韶山精神、井冈山精神、长征精神、延安精神、西柏坡精神、雷锋精神、载人航天精神等，又有非物质文化的内容，如歌曲、歌谣、曲艺、诗歌、绘画、故事、传说等。还有体现其物质文化层面的内容，如纪念遗迹、事件遗存、建筑遗存、革命文物等。

二、红色文化在大学生德育教育中的重要作用

红色文化是民族文化的天然构成，蕴含着丰富的革命精神和厚重的历史内涵，是大学生进行思想政治教育的优质资源，具有重大的思想政治教育价值和德育功能。因此要积极利用红色文化资源开展大学生德育教育，培养大学生的爱国主义精神、提升大学生的思想政治素质和道德素质、传承红色理想信念。

（一）红色文化是大学生社会主义核心价值观教育的重要载体

社会主义核心价值观教育是高校辅导员思想政治教育的重要内容之一，通过红色文化把社会主义核心价值观融入大学生的思想政治教育的全过程，使社会主义核心价值观成为大学生普遍理解接受、自觉奉行的价值理念。

随着新课程改革的不断推进，初中体育教学现状相较于以往有了很大的改善。教学水平有了显著提高，学生的身体素质和心理素质有了显著增强。但是从初中体育教学的开展现状来看，在教学实践中仍旧存在一定的问题，而学生主动参与性较低便是其中之一。学生作为体育教学的主体，一旦主动参与性不足，会直接对教学质量造成影响，也就导致无法实现既定的教学目标。因此，必须采取有效手段加以解决。

红色文化是中国共产党领导中国人民在新民主主义革命、社会主义革命和现代化建设阶段形成的历史遗存，是一部展现中国共产党领导中国人民争取民族独立、实现国家富强的奋斗史。习近平同志讲过"忘记历史就是背叛"。然而我们的很多大学生对我们国家和民族的历史不了解、不熟悉，我们要通过弘扬红色文化促进大学生的近现代史教育。

（二）红色文化是大学生理想信念教育的重要载体

理想信念是一个国家和民族奋勇前进的精神动力，习近平总书记也强调："理想信念是共产党人的精神之'钙'。没有理想信念，理想信念不坚定，精神上就会'缺钙'，就会得'软骨病'。"理想信念是红色文化的核心内容之一，遥想 1927 年的"四一二"反革命政变，面对"白色恐怖"，我们的革命先烈强忍泪水掩埋烈士遗体继续战斗。是什么支撑他们继续战斗——共产主义理想信念。改革开放以来，各种思潮涌入中国，社会价值观日趋多元化，大学生的思想易受影响和波动，我们要通过红色文化坚定大学生的社会主义价值观和理想信念。

（三）红色文化是培养大学生近现代史观的重要载体

高校学生党建工作是高校党建的重要组成部分，是大学生思想政治教育的重要抓手，对党员的培养和管理起着重要作用。大学生党员是我党新生骨干理论的重要来源，也是党员干部的后备力量。大学生党员素质的高低不仅关系大学生的整体面貌，也影响大学生党员的整体形象，而且关系我们国家"两个一百年目标"的顺利实现，关系整个中华民族的伟大复兴，关系党和国家的前途和命运。红色文化涵盖了中华民族的革命史、建设史，凝

聚了中华民族的民族感情、革命精神、坚定信念和崇高理想，红色文化丰富的历史遗存为学生党建工作提供了优质的教学资源，增强了思想政治教育的吸引力，利用学生党员主动接受。

三、红色文化在大学生德育教育中的实现路径

（一）加强高校校园红色文化建设

高校在德育教育中要有针对性地引导大学生对红色文化的认同，将红色文化教育落实到日常的德育教育中。高校要通过设立专门的管理部门，将红色文化融入校园的文化进程，同时可设立相关的教育目标和实施细则，为红色文化的校园文化建设提供指导。在高校的校园环境中，校风建设和校园的环境都会对大学生产生某些潜移默化的影响。因此在校园建设中加入红色文化理念的建筑物、塑像，定期开展"红色文化主题班会"和以红色文化为主题的实践活动，在校园文化建设的方方面面展现红色教育理念，让大学生在校园日常生活中逐渐内化红色精神。

（二）贯彻落实红色文化进课堂

高校思想政治理论课是大学生思想政治教育的主阵地，而红色文化很好地涵盖了思想政治教育的主要内容：道德规范教育、爱国主义教育和理想信念教育。因此思想政治理论课程的教育内容要与红色文化有机结合。在具体教育教学实施过程中，结合各门课程的教学特点和时代要求，开展红色文化专题教育。尤其在新生中要重点安排红色文化专题教育，在思想政治教育的实践课中更要注重与红色文化的融合，将红色文化教育渗透到思想政治教育的全过程。

（三）通过暑期学生"三下乡"活动增强红色文化教育的实践性和实效性

各高校每年都会组织学生进行暑期"三下乡"社会实践活动，组织学生到革命老区学习革命传统、服务老区人民。大学生通过到革命老区进行暑期"三下乡"社会实践活动，可以把自身所学专业知识、扶贫帮困和感受升华对红色文化的认知进行有机的结合，如某医学院校的学生通过"为革命老区送医送药"活动，使学生既服务革命老区群众又在实践中得到锻炼和提高。这些活动的开展，有力地促进了红色文化教育由感知上升到认知，由感性上升到理性，真正的入心；有利于达到教育目的，实现教育目标，增强教育的针对性和实效性。

（四）积极利用网络弘扬红色文化

在互联网时代网络已成为高校辅导员进行思想政治教育的重要阵地。在弘扬红色文化中，我们可以借助网络资源，特别是校园网络平台，如开发移动 APP 平台，建立具有思想性、知识性、时代性、服务性的红色文化传播媒介，让红色文化真正融入大学生的思想政治教育中。

（五）在学生活动中弘扬红色文化

在学生活动中通过寓教于乐等形式让学生在潜移默化中接受教育，如在重要的纪念日举行红色歌咏比赛、红色诗歌朗诵比赛等，组织学生观看红色经典影视作品和开展红色文艺活动等，形式可以多样化，贴近大学生的生活，让学生在活动中接受红色文化和革命精神的教育和熏陶。

第六节　奥林匹克精神与高校德育教育

奥林匹克精神所倡导的理解、友谊、团结和公平竞争对于当代大学生正确树立世界观、人生观和价值观具有重要的意义。在当代大学生的德育教育中，要充分挖掘和运用奥林匹克精神价值意蕴。通过弘扬奥林匹克精神，对增强大学生抵御市场经济的负面影响，以及社会不良现象具有重要作用。本节通过奥林匹克精神对大学德育教育的作用进行了解读。

奥林匹克精神蕴含着深刻的教育价值和教育意义，特别是 2008 年北京奥运会后，奥林匹克精神对当代大学生全面发展的感召力更加深刻。本节就奥林匹克精神在大学生德育教育中的作用进行论述。

一、奥林匹克精神赋予大学生德育教育的时代性

奥林匹克运动是国际性的运动，是体育精神、民族精神和国际主义精神于一身的世界级运动盛会，象征着世界和平、友谊和团结。奥林匹克已成为全世界人类的一种共同愿望、一种共同的期许、一种共同的祝福。它随着时间的流逝而不断地升华，不断地增添新的内涵，成为人类不断创新、不断增长的宝贵精神文化遗产。在高校中弘扬奥林匹克精神已成为时代发展的需要。高校大学生正处在成熟、面临人生关键选择期，单纯、可塑性强。他们是祖国的栋梁，是走向富强的中坚力量。大学是传播知识的殿堂，也同样是人才培养的训练基地。奥林匹克运动以其特有的运动形式强烈地感染世人，影响深远，对升华大学生的精神境界具有重要作用。奥运赛场不仅是一个充满汗水和欢乐、掌声与鲜花的赛场，也是一个泪水与艰辛、失望与遗憾的赛场。从 1932 年刘长春中国奥运第一人到 2008 年中国奥运会第一次；从 1984 年许海峰第一块金牌到 2008 年中国奥运会金牌世界第一；随着中国实力的增强，从"东亚病夫"到体育强国；体育事业的发展伴随着中国社会主义现代化建设的发展进程，是实现中华民族伟大复兴的精彩写照。

奥林匹克精神不仅仅是为了推动竞技体育的发展，还是为了把奥林匹克精神融入教育当中，秉承奥运精神，提高公民的素质，创建一个不断创新的学习型社会。全国大学生思想政治教育工作会议上强调要培养千千万万具有高尚品德和良好道德修养的、具有丰富理论知识和高尚道德情操的社会主义现代化建设接班人。改革开放以来，我国经济不断发展，

人们的生活水平也越来越高，当代大学生大多都是独生子女，很多都缺少吃苦耐劳和艰苦奋斗的精神以及自强不息、勇于拼搏的勇气。因此必须加强当代大学生的思想品德教育。奥林匹克的精神内涵正好是对大学生进行德育教育的宝贵资源。高校应该采用多种方式来加强大学生的德育教育，促进大学生身心的健康发展和正确世界观的形成。当代大学生的校园生活离不开体育教育。而体育教育以奥林匹克精神为指导，通过体育教学、体育比赛和各种体育活动来表现。将奥林匹克精神贯穿到德育教育当中，让大学生在接受奥林匹克精神教育的同时促进德育教育的发展。

二、奥林匹克精神增强大学生德育教育的时效性

奥林匹克精神是一种"更快、更高、更强"的自我挑战精神，无疑具有"正能量"的特质。奥林匹克运动会是一个诞生传奇的地方，有一种力量叫作"正能量"；有一种感动，叫作坚持。譬如，德里克·雷德蒙德在巴塞罗那奥运会400米半决赛中，右腿肌肉撕裂，忍着疼痛，一跳一跳地完成最后的比赛，全场65000名观众自发为这位象征着奥林匹克精神的运动员鼓掌加油。23岁的独臂姑娘娜塔莉亚帕蒂卡靠自己顽强的斗志获得了奥运会单打冠军，征服自己，征服了全世界。人们总是习惯性地记住冠军，但是完全具备冠军水准的王皓，却用另一种多少有点心酸的方式让人们永远记住了他：三次与奥运会金牌擦肩而过。王皓的一句"尽力了，没有遗憾"体现出一个成熟男人的豁达，一个真正英雄所表达的人生感悟。这些故事远比胜负更令人难忘。2012年伦敦奥运会口号"激励一代人"，被认为史上最为低调的口号，它尝试着用体育精神去引导现在成长与互联网时代的年轻人。在伦敦奥运会上，90后成了奥运会的点睛之处。这批90后身上散发出来的潜质，注定了他们未来的成功。当前，作为90后在校大学生，由于各种现代技术的蓬勃发展，他们的视野更加开阔，接受新鲜事物的能力更强。同样，他们也很容易受网络技术的负面影响。由于现代生活条件的变化以及社会风气对经济利益、物质享受的推崇，当代大学生的世界观、人生观、价值观偏离了轨道。所以，作为高校教育工作者，要提高大学生德育教育工作的针对性和时效性，提高学生的社会责任感、创新精神和实践能力，必须想学生之所想，急学生之所急，因材施教，才能真正把德育教育落到实处。奥林匹克精神的"正能量"无疑是一种典型的励志案例，和谐包容、追求进步、团结友谊的奥林匹克精神对塑造青年大学生健全的人格提供了很好的载体。

三、奥林匹克精神对大学生德育教育的作用

（一）奥林匹克精神培养大学生的人格、文化修养和爱国热情

奥林匹克最基本的精神就是爱国主义精神，从旧中国运动员自费参加奥林匹克到新中国运动健儿为国争光、奋勇拼搏，无一不是爱国主义的具体体现。对祖国的热爱是他们拼搏的动力。每当奥运健儿在接受媒体采访时都会流露出对祖国的热爱和民族自豪感。尤其

是当我国运动健儿获得金牌后伴随着五星红旗的冉冉升起，此时大学生也会同样欢欣鼓舞、热血沸腾，对祖国的热爱和崇敬之情油然而生，也成了对大学生爱国主义教育的理想课堂。

奥林匹克精神之所以有强烈的号召力，就是因为它唤起了人们的爱国主义情感。爱国主义情感升华到大学生的精神世界能够促进德育教育的顺利开展，能够激励大学生对祖国的热爱，满腔热忱地去实现自己的理想，报效祖国；从基础做起、从自身做起，努力学习、踏实做人，为实现中国特色社会主义建设而努力奋斗。

（二）奥林匹克精神培养大学生拼搏进取、勇于创新的精神

奥林匹克有一句名言叫"更快、更高、更强"，这是运动员勇于向困难挑战、向自我挑战、向极限挑战的精神。勤奋是一种积极向上的精神风貌和不断进取的态度。一个人的成败固然与学识、机遇、天赋和环境有很大的关系，但关键还是要看自己是否勤奋。没有勤奋进取的精神，就算其他条件再好也无法获得成功。拼搏是一种精神状态，能让人们发挥自己的最大潜能，在奋斗的过程中体会成功的喜悦。其实人生就是勤奋拼搏的过程，通过拼搏和奋斗得到的东西才会更有价值。

对于奥林匹克运动员来说，他们勤奋拼搏，永不言败。不管最后的成绩如何，都是我们的英雄，也是奥林匹克精神的崇高体现。这种精神激励着当代大学生在科学探索的道路上不断奋勇向前。在大学的科研学习中一定会遇到很多困难，这就要求大学生发扬奥林匹克精神，奋勇拼搏、永不言败。不能遇到困难挫折就轻言放弃、逃避，缺乏拼搏意识。要用奥林匹克精神鼓励当代大学生勇于超越自我，与自己竞争。

（三）奥林匹克精神能让大学生正确看待名利

对于奥林匹克运动来说，胜败固然是比赛的焦点，但赛场上不断变化的竞技过程更能体现体育的魅力。对于运动员来说，胜利固然值得祝贺，但是失败了仍然值得尊敬。当代大学生就要有这种积极参与的思想，不论成败、努力拼搏，正确看待名利，不断增强积极参与的理念和淡泊名利的思想。这种精神潜移默化到大学生生活的各个领域，形成一种高贵的精神品质，这样能够让大学生在走向社会以后从容应对各种挫折和困难。

（四）奥林匹克精神能够培养大学生的团队合作意识

奥运会的五环旗环环相扣，象征着五大洲运动员的团结和友谊。凭着这种协作精神，我国的运动健儿取得了一次又一次的优异成绩，让世界刮目相看。作为当代的大学生，也要加强合作意识和团队精神，发挥集体的力量攻破一个又一个难关。当今社会随着信息化的发展，人与人之间的协作越来越少，大学生的团队协作意识也有所下降。很多人都漠视群体，以自我为中心。因此团队精神正是大学德育教育的重点，要学习奥林匹克精神，发扬团结合作的集体主义思想理念，让大学生的德育教育全面发展。

总之，利用高等教育向大学生大力弘扬奥林匹克精神，提高大学生的德育教育水平，对促进大学生的思想道德素质和崇高精神品质具有重要作用。高校的德育教育要利用奥林匹克精神来加强大学生的爱国主义教育，增强中华民族的民族自豪感和凝聚力，将大学生

培养成具有高尚道德情操的社会主义合格建设者。

第七节　网络语言与高校德育教育

网络语言实际上并不是一种规范化的语言系统，随着社会和网络信息的不断发展和整个社会中所存在的网络语言也趋于随意性。不过正是因为互联网当中很多语言在演变的过程中是具备随意性的，所以在整个互联网的语言框架当中都出现了很多语言表达自由化的状况。很多网络语言都是反主流的，强调个人自由。在这样的情况下，很多的网络使用者也会随大溜，各自表达自己的意见，这些也就形成了一种非理性语言的状况。因此，在这样的一种背景下，要注意分析网络语言背景下对大学生德育的影响，并且运用恰当的策略引导大学生形成良好的道德价值观。

网络文化也是一种大众型的文化，具备了娱乐性的特点。在虚拟的网络平台上，语言往往是带有强烈的游戏性。在表达的过程中如果有所节制，就可能会体现出友好的一面。但是如果毫不节制的话，就会出现语言粗暴的状况。在论坛回帖当中，有的人如果要提升自己的回帖率，就会在帖子后面附上"看帖不回帖、全家死光光"等过多的言论。在网络世界当中，很多人都是匿名的。发表自己的言论，由于是匿名发表言论，所以很多人人性的阴暗面就暴露出来，更多的是不负责任地表达自己的观点。这些都对大学生的品德塑造形成了一定的冲击。

一、网络语言对大学生德育冲击的表现形式

从一些特征上面分析，当前中国的网络非理性语言实际上是非常多元化的。之所以把网络语言当中不规范和自由化的状况定义成为一种非理性语言的行为，实际上是因为网络语言可以随意地对一些特定的公众事件进行评论，或者是对某些特定的事件进行个人意见的表达等。当这种表达并不是理性的或者是带有强烈的情绪性，这些都可以视之为网络语言的暴力行为。对于网络的使用者而言，之所以会出现网络暴力的状况，也是因为个人的情绪无法宣泄。所以要对网络语言的表现形式进行充分分析，才能够更好地把握网络语言在发展过程中的特征。当前中国的网络非理性语言主要出现了以下方面的表现形式：

第一种形式是采用"文化大革命"时期的一些语言来表达自己的情绪或者观点。"文化大革命"时期，中国强调政治挂帅，所以在很多问题，特别是在探究干部或者是一些人的行为或者作风问题时，往往会渲染一个人的政治性不足，所以会采用一些语言进行攻击或者谩骂。这样的一种语言，实际上需要被时代淘汰。不过在互联网平台当中，这种"文革"式的语言也逐渐成为当前互联网暴力特别是非理性语言的一种象征。"文革"时候的这些批判性语言，主要是表现出一种强烈的情绪和愤慨。比如，针对某个人说出永世不得

翻身，或者将某个人视之为坏分子等。这些表达方式实际上都是"文革"时期的表达方式，通过这种愤怒的表达来宣泄自己愤怒的情绪。然而，并不是所有的事件或者个人都应该承受这样的表达或者谩骂。所以在这种情况下，"文革"式的语言也成了网络非理性语言的一种重要表现形式。

第二种表现形式是采用谩骂性的言辞。正如前文所分析的"文革"时候所采用的这些批判性的语言，实际上在互联网当中也是一种谩骂性的言辞。在互联网这样一种虚拟平台当中，采用这种互相批判和攻击的语言是相对比较多的。这一点主要是因为在虚拟平台当中不同的人其实并不知道对方的真实身份，对当事人的状况也并不是全面了解，然而在表达言论的时候，更多的人并不会细致地去了解整个事情的来龙去脉，而是单纯依靠对这些事件少量资讯简单地进行解读，然后就对这些事件进行评论。比如，在一个典型的事例当中，一个被称之为"史上最毒后妈"的陈彩诗在没有任何防备的情况下，被人造谣。陈彩诗被人造谣的时候实际上是非常被动的，但是陈彩诗的具体状况却很少人去进行深入了解。在对其状况进行简单分析之后，很多人都对其进行了激烈的评论。有的人评论她是丧尽天良，也有的人认为她是猪狗不如。这些实际上都是网络非理性语言的典型例子。在这种背景下，网络的使用者往往不具备或者不愿意进行细致的探索和分析，然后就对事件进行简单的下定义或者结论，实际上是不利于整个网络的文明发展的。

第三种表现形式，网络的非理性语言也往往会表现为一种谣言的形式。在上文陈彩诗的这个例子当中可以看出，陈彩诗实际上是被人造谣和陷害的。谣言实际上就是恶意的编造，并且传播一些虚假的消息。这些谣言实际上对个人或者一些特定的企业会造成一些损害。陈彩诗虽然是个后妈，但是她在家庭当中并没有毒骂自己的孩子。在这种背景下，陈彩诗被人造谣变成了一个最毒的后妈，实际上被网络的非理性语言所谩骂，最终她是整个事件当中损失最为严重的当事人。这种精神上的伤害往往是不可估量的，而且这种谩骂更是很难被追究责任。所以，谣言的问题一直是舆论在引导过程当中需要注意的一个重点问题。

第四种表现形式是互联网发展过程当中所出现的人肉搜索状况。所谓的人肉搜索实际上就是通过互联网当中不同的社会关系和各种相关的资源，以此对某个人或者某件事情进行刨根问底。在这样的一种搜索状况下，网络的使用者实际上搜索某个特定的个人或者是某个特定的事件，也并不是违法的行为，不过将这些信息集合在一起，将个人的隐私进行无限制的曝光，实际上已经触及了法律的底线。有些人甚至使用这种搜索功能，以此来达到自己的违法目的，这也是不可取的。

二、网络非理性语言的危害性

（一）对大学生语言表达方式的冲击

网络非理性语言的出现实际上也是网络语言存在所产生的，所以说网络语言应当是网络非理性语言的根源。网络非理性语言的出现逐渐放大了网络语言所产生的负面影响，将传统规范的语言彻底打乱，特别是普通的意义和各种内涵也发生了根本性的变化。所以网络非理性语言对现代化造成了非常大的影响。

由于网络上面的各种语言表达具有匿名性的特点，参与到网络的交接过程当中的人往往追求潮流与前卫，所以网络语言往往是在传承传统语言的过程中对传统语言做出的一些偏离现象。在网络非理性语言当中，常常看到一些用英文取代传统语言的现象，这实际上是因为传统语言已经无法去表达他们的情绪，不能宣泄情绪，他们的网络非理性语言逐渐出现和官方语言背离的状况。这样的一种网络非理性语言，实际上造成了规范语言使用的混乱。在这样的条件下，网络非理性语言对语言的纯洁性实际上造成了严重的影响。

而从另外一个角度上看，网络非理性语言，具备所有的群体传播的性质，在这样的背景下也容易造成语言系统的破坏。当一种新兴的语言以一种不确定的意义逐渐出现时，原先的语言系统当中的平衡就会逐渐被打破。网络非理性语言从一般的网络语言中发展而来，在发展的过程当中没有通过对传统语言的认真分析或者是没有通过认真思索，就将这些语言摆放在网络上，所以传统语言的规范性和逻辑性就会被打破。网络媒体更倾向于自然的生活语言或者是本人的语言，一般都不会对语言的工具性或者逻辑进行组织。而且为了突出语言的吸引力，一般都会采用多元分散的矛盾主题小叙事方式，导致网络非理性语言呈现出一种拼凑的状态。所以在这样的状况下，现代语言机制的偏颇与缺失以及个人的情绪化交织在一起，表现出对传统语言和传统文化的反叛。

（二）对大学生人际传播原则的挑战

在互联网当中，这种语言表达也体现出一种后现代性，主要是对这些现代的文化进行消解和颠覆，对整个世界的文化都带来非常大的影响。互联网语言呈现出后现代的特点，这种后现代的特点强调的是对文化垄断的反对，强调个性的张扬。在这样的一种背景下，后现代主义对网络非理性语言学形成了一种促进作用。网络语言，借助网络全球化的传播力量，对整个世界的文化起到了一种颠覆作用。而且对各个民族的文化，特别是对于中华文化具有的价值体系也造成了一定的冲击。所以网络非理性语言在虚拟的空间当中进行，也没有对人际传播当中约定俗成的一些道德标准进行遵守，而且对传统的语言表达价值体系也起到了一定的颠覆作用。在这样的一个背景下，网络非理性语言行为对道德的否定受到了很多年青一代的欢迎。但在传播的过程中，是对传统人际传播原则的挑战。

礼貌原则在日常的交际过程当中是一项非常重要的交际原则。在现实的社会当中，礼貌往往被理解成为说话需要达到一定的礼仪规范。在这样的一种语言背景下，网络的交际主体遵守礼貌原则，实际上也受到了网络非理性语言的冲突和打破。说话人为了达到自己的目的，在表达的过程中因为非理性而打破了传统人际传播当中的礼貌原则。在网络的虚拟社会当中，由于每个人都是匿名表达自己的思想，所以在表达的过程中往往忽略使用了礼貌原则，在网络的语言当中逐渐产生了变化。

（三）对大学生道德价值观的冲击

道德实际上是整个社会意识形态的重要组成部分，是每个人在生活和学习各种行为过程当中的一种规范，也是调节人际关系的一种准则。道德对社会生活的发展起到了一种重要的调整和约束作用。在现实社会当中，每个人都受到道德的约束。对于各种行为或者具体的事件都有自己的评判标准。而在现代道德中很多的道德范围和内涵，都和古代的道德标准是一脉相承的。而互联网平台上，由于是一个虚拟的社会，对传统的思想道德观念造成了一定的冲击，原有的道德观念在互联网的语言表达过程当中变得脆弱和模糊。在这样的情况下，很多人在语言表达的过程当中逐渐地放下自己的道德约束，甚至在表达的过程中失去了羞耻感，逐渐扭曲了心理。

在网络虚拟的表达过程里面也逐渐出现非文明化的状况，特别是可以经常看到很多不文明的网名，比如，"隋炀帝"或者是"等待强暴"这些不文明的名字在网络当中都是十分常见的。而且一些网络的使用者进入网络的虚拟空间当中，往往是运用了网络当中的虚拟性特点，采用传播谎言而不负责任的谩骂等情况，这些实际上都是网络言论打破了应该遵守的道德标准，也导致网络的公信力和责任感都受到了挑战和怀疑。

三、网络语言条件下大学生德育引导策略

有学者把网络非理性语言称之为"游走在道德和法律间的病毒"。虽然无法用现实社会中的条条框框来规范它，但也不能听之任之。只有净化网络环境，才能实现互联网价值的最优化。至于网络非理性语言的稀释对策，最终还是要靠网络他律和网民自律来实现。

（一）制定并且向大学生普及网络管理法规

对于互联网当中的管理应该进一步强化，特别是国家的立法机关应该强化立法。要做到在网络管理过程中有法可依、有法必依并且严格执法。对于违法的网络语言行为，要加大惩处力度，这样才能对社会形成一定的警示作用。比如，韩国政府围绕崔真实的自杀事件，就形成了一系列的网络管理条例，特别是针对信息通信过程当中的这些谣言问题进行了一系列的约束。韩国就强调了这种信息传播过程当中的限制性本人确认制。这样的一种保护模式是在保护个人隐私的情况下对国人的言论进行约束。在注册各类网络平台的过程当中，这些国家都要求用实名的制度进行注册，但是他在表达自己言论的过程当中就可以赚取利润的制度。所以在这样的情况下，一方面保障了网络使用者的语言自由，另一方面在出现谣言或者其他非理性语言的情况下可以追究其责任。在这样的条件下，真实的信息保障了法律追究的基本依据。通过相关的配套法律对这些人的信息隐私进行保密，同时又可以对这些人进行监督，这对整个网络环境的净化有着积极的意义。

（二）完善大学校园的网络语言监督管理机制

在网络的博客或者论坛上，一系列的网络交流平台实际上都让网络的非理性语言监管

技术，还有各种机制都难以适应发展的步伐。所以对于网络非理性语言监管过程当中出现的问题，网络监管过程中需要进一步调整，特别需要对网络语言监管形成一种机制。要促进网络语言的健康传播，应该设立文明的网页，其中对门户网站的网络道德教育最为重要。具体的操作方式主要包括以下方面：定期对这些门户网站进行监控，对一些污言秽语进行抵制，或者警觉地防止这些污言秽语传播到其他领域。而从另外一些方面参考，也可以由政府建立一些强势的文明传播网站，采用规范化的网络语言进行传播，为其他的网站做表率。

此外，也可以让网络编辑人员规范网络语言的编辑，网络编辑是在网络文化背景下产生的新职业，所以在语言文字编辑方面也受到网络语言的影响。因此，在这样的背景下，应该对这些网站的编辑人员进行规范和引导，通过这种方式来防止污言秽语的传播。此外，也可以对网络管理技术进行升级。当网页当中出现一些污言秽语的时候，可以通过网站背后的一些网络计算机算法来筛查这些信息，通过一种类似于防火墙的网络过滤器对这些不健康的网络非理性语言进行筛查，从而对网络环境进行净化。

（三）网络语言的舆论治理

《2007 年中国互联网舆情分析报告》指出，随着互联网的普及，一个新的舆论形成机制渐渐露出雏形。在这样的背景下，中国公民社会的培育实际上是具有开拓性的。所以对于网络语言的舆论治理也需要充分地考虑合适的方式进行解决。当前舆论的问题主要是集中在用合适的方式表达意见。在网络语言传播的过程中，语言的权利进一步被扩大，每个人都有其网络话语权。对于这个问题，应该更多地探索一些新的网络舆情引导机制。特别是根据当前的社会发展现象，更进一步地驱逐网络非理性语言行为。

网络的存在，给了大学生一个发泄情绪的途径。当前的中国正处在社会转型期，需要解决的问题是非常多的，社会矛盾也相对比较集中。所以为了更好地让大学生选择文明的方式表达自己的观点，就需要充分地根据社会的发展状况，有针对性地引导大学生使用健康的语言。所以在这样的社会条件下，要拓展公众在现实途径当中的个人表达空间，特别是有更多健康、持续的环境表达自己的意见，这样才能够在　定范围内引导公众用合适的方式表达自己的观点。同时，对于网络非理性语言，应该科学分析。针对年轻学生可以开设一些分析课程，在课堂上向他们分析网络非理性语言的一些危害性，从而鼓励他们用健康的语言进行表达。

虚拟性实际上是网络传播过程中的一个重要特征，在互联网中所有的网络使用者都是在虚拟的世界中表达自己的观点，而网络的使用者往往也是用匿名的形式来掩盖自己的身份。所以这样的形式里，所有的人都是陌生人。在这种陌生的氛围中，非理性语言也就随之上升。在这样的背景下，所有的人都不具备道德感。由于在现实社会当中受到道德的约束，工作人员使用语言会更加谨慎。但是在网络这种陌生的状况下，各种语言的道德约束都消失了，逐渐地丧失伦理规范约束性。

在互联网的陌生化氛围内，几乎任何人都可以随意地运用自己的语言去表达自己的观点。在这种陌生的社会当中，行为主体可以随意地解释这里的各种语言，甚至是所有的语言都可以成为正义的化身。在这种网络的话语权争夺过程中，网络的使用者感受到道德性与游戏性的双重快感，所以很多人都可以对自己的语言进行道德豁免。因此，强化网络语言背景下的大学生德育，有着现实的重要性和紧迫性。应该根据大学生的个性发展，有效地引导大学生养成良好的道德品质，形成网络时代的新道德。

第四章　现代高校德育教育的改革研究

第一节　传统文化与高校德育教育

党的十九大要求把立德树人作为高校教育教学的根本任务，而且特别指出要坚持以育人为本，以德育为先。为了实现这一目标，积极推动高校德育教育的改革和发展，成了高校教育的重中之重。在众多道德与价值观念当中，追赶时代潮流的新创意新想法不断涌现，不过也有很多不良思潮存在，这给高校德育教育带来了很大的挑战。应对这样的挑战就要充分挖掘我国优秀的传统文化，将其中的德育教育思想内涵进行挖掘与利用，实现传统文化和高校德育教育的完美整合，让高校学生自觉抵御不良思想，树立正确价值观。

如今人们在价值观方面显现出多元化趋势，很多时候人们无法有效区分落后和进步思潮。特别是在西方文化不断涌入我国，产生了大量新思想之后，给高校学生思想道德素质的发展提出了极大的挑战。考虑到我国优秀传统文化体系当中包含着深刻而又多样的德育教育思想，可以指导我们的思想以及行动，尤其是能够对高校学生进行潜移默化的熏陶，提高学生的德育素质。对此，高校在德育教育工作当中，需要关注传统文化和高校德育的密切整合，探索一条创新性的德育教育道路。

一、提高思想认识，拓展高校德育教育内容

就目前而言，高校组织开展德育教育工作选用的途径是比较统一和单一的。主要是将思想政治课堂作为有效依托，在课堂教学中用理论知识和一些案例对学生进行德育指导。这强调教师做好科学化的思政课程备课工作，并利用好有限的课堂时间。但是实际情况并不理想，很多学生会忽视高校思想政治课程，学习态度不端正。再加上思想政治理论课程的内容非常枯燥单调，涉及范围非常狭窄，降低了学生参与课堂活动的兴趣，也让课程教学目标难以实现。想要拓展和丰富高校德育教育内容，可以把传统文化作为一个重要突破口，挖掘传统文化当中带有实用价值的能量，借鉴国学热的经验，立足当代社会语境解读我国的优秀传统文化，发掘其中的德育内容，不断提高学生的精神层次。在课堂教学中，教师要将传统文化和课程理论进行密切整合，帮助学生从不同的视角解读和挖掘德育教育内容，促进学生知识的吸收与内化。由于传统文化当中的精髓是从具体史实中归纳提炼而

来的，可以真实指导学生的思想和行为，让学生的思想道德品质得到发展。

二、加强创新力度，革新高校德育教育模式

时代快速发展和社会各个领域都发生了翻天覆地的变化，在这样的背景下高校德育工作不能够再囿于传统，特别是在教育教学模式方面要走上创新道路。目前网络信息技术已然渗透和应用于实际生活的各个领域，特别是移动终端的快速发展和普及给高校学生的思想道德观以及价值取向带来了极大的影响。网络化传播非常的方便快捷，同时能够及时进行沟通互动。再加上可以突破时空限制，能够为高校德育教育模式的创新创造良好条件。高校可以将网络作为一个全新的德育工作路径，有效拓展德育工作模式，促进信息沟通与共享。首先，高校可以根据实际情况搭建网络平台，建立带有德育教育和心理咨询性质的互动网站，为学生沟通与解决问题提供创新渠道。其次，高校可以利用校园论坛开展针对德育热点的话题探讨活动，尤其是要注意将传统文化渗透融入网络的不同节点，让现代信息载体的文化传承和推广作用得到增强。在教育教学当中，教师需要关注对学生的指导，同时鼓励学生发挥主观能动性，主动投入到传统文化的探究当中。

三、开发文化载体，保障高校德育教育落实

学习平台与路径影响着学生对传统文化的接受和掌握，同时也会影响高校德育教育工作的落实。良好的学习载体特别是传统文化教育载体能够更好地给学生传达优秀的传统文化，引领学生践行社会主义核心价值观，同时还可以为高校德育的创新发展提供有效保障。高校要充分利用各个方面的资源和优势条件，打造多元化的德育教育载体。

第一，将节日传统文化作为有效载体，挖掘民族节日中蕴含的民族精神，并利用节日文化对学生进行德育指导。例如，高校可以在清明节、端午节、重阳节等带有文化传承价值的节日之中组织文化实践活动，让他们在传统文化感悟当中得到思想与道德启发。第二，有效利用校园精神文化促进德育工作发展。具体来说可以通过学校校训、学习风气、师生关系等良好精神文化的挖掘，发挥校园精神文化对学生的感染和熏陶作用。第三，成立传统文化社团，通过开展丰富多彩的社团活动，促进传统文化的传承发展，也让学生在社团实践中践行德育精神。

为了充分践行高校的立德树人目标，促进高校学生思想道德素质的长效发展，有效改革和充分发挥高校德育教育的积极作用是一项至关重要的措施。传统文化为高校德育教育的发展和拓展奠定了坚实的基础，供给了文化底蕴以及深厚的精神观念。高校德育工作要执巨剑和继承传统，努力挖掘传统文化思想当中的德育内涵，使其能够和高校德育工作进行密切整合，推动高校德育的拓展与创新，也让高校学生可以承担起传承发扬优秀文化的责任。

第二节 大学文化建设与高校德育教育

本节分析大学文化建设与高校德育教育工作的共融性，讨论两者的相互关系，探讨两者良性互动的对策，以期产生一定的现实指导意义。

大学文化建设直接影响着大学生的成长成才，建设积极、健康、富有特色的大学文化对大学生有潜移默化的教育作用，并形成良好的教风、学风与校风。高校德育教育的根本目的是培养和提高大学生的思想道德素质，二者具有共融性且在多方面相互渗透。

一、大学文化建设与高校德育教育的共融性

（一）高校德育教育的实现过程中体现校园文化内容

高校德育教育对受教育者起到思想灌输、个性塑造、品行矫正、自我教育的指导作用，而其具体过程则是指教育者对大学生进行教育和影响，也可以理解为通过教师高尚的品德、严谨的教学及学校优美的环境对大学生进行教育的过程。因此，高校德育教育的核心目标是"育人"。通过对大学生进行马克思主义的科学理论教育，使之成为坚定的马克思主义者；充实大学生的精神世界，帮助大学生形成完善的人格，塑造大学生美丽的心灵，最终树立正确的世界观、人生观、价值观。因此，长期坚持德育教育必然对大学文化建设产生积极影响。五彩缤纷的校园文化是高校德育教育工作开展的重要途径，大学文化由于要服务于高校德育教育的要求而获得蓬勃发展。大学文化可以增强大学师生对学校的责任感和荣誉感，激励师生见贤思齐，使广大师生在行动上有共同的奋斗目标。校园物质文化建设应围绕环境育人这一中心，结合学校的培养目标、整体规划设计安排。大学精神文化更多地体现在学校的传统、教风、校风、学风、集体舆论和人际关系等方面，它是一个学校凝聚力的体现，对大学生品德的形成具有直接、深刻、持久的影响。这些都融合着大学德育教育的要求，都是在德育教育实施过程中反映出来的。

（二）大学文化建设能够反映德育教育工作的目标

良好的校园文化对人的熏陶有潜移默化的作用，可以对大学生进行思想指导、意志磨炼和人格塑造，并起到观念认同和精神升华的作用。丰富的校园文化活动充满蓬勃的创造活力、积极进取的开拓精神，对大学生的智力开发起着催化作用，有力地促进大学生的能力发展，如组织工作能力、社会活动能力等。校园文艺活动能调节紧张的学习节奏、活跃大学师生的生活、增添校园生活的情趣。同时，也能提高师生的艺术鉴赏能力，提高师生的文化修养，陶冶道德情操。德育教育的目标是使大学生在政治、思想、道德、心理素养等方面达到相应的水平及标准，最终达到社会主义接班人的要求。德育教育目标所包含的具体内容和要求，在积极、健康的大学文化中都有所体现。正是这种丰富多彩的校园文化

影响着大学生，达到德育教育的目的。

二、大学文化建设对德育教育工作的作用

（一）促进良好学风的形成并塑造人格

目前，部分高校学风存在问题，从校园文化角度来说是处在"非良性循环"状态。这就需要师生进行积极的思想、情感交流，营造进取、合作的氛围。对于教师来说，应有效发挥榜样的示范作用。对于学生来说，教师外在的气质、修养往往成为学生模仿的榜样。教师的一举一动会对学生产生示范效应。教师应该关心处于成长过程的大学生，除了晓之以理外，更应该动之以情。20岁左右的大学生正处于情绪波动大的心理成熟期，一方面寻求认同环境，另一方面不满足所处的受教育地位。在大学文化建设过程中，应让大学生从自觉实践到完成社会化而走向成熟。因此，建设积极、健康的校园文化对大学生的全面发展有着不可替代的作用。校园文化是对学校教育活动的完善和调节。

（二）增强德育教育工作的实践性

以往的德育教育工作往往以高校思政德育教育课的形式展开。其内容偏于理论化，与学生的实际生活有距离。甚至部分学生主观认为思政课、德育课主要是用来考试和完成学分的。积极、健康的校园活动能深入学生的生活领域，在活动过程中倾听学生心声、把握学生需求。从学生角度出发，通过具体的活动引导学生学会运用马克思主义德育教育的立场、观点和方法正确看待社会发展过程中的热点、难点问题，从而增强德育教育工作的实践性。

（三）能够增强德育教育工作的针对性

当代大学生思维活跃，自主意识强，但往往缺乏科学的人生规划。积极、健康的校园文化能够强化学生的主体意识，尊重学生的主体地位，提高学生的主动参与度，充分调动学生的积极性，让学生成为学习的主人。因此，高校必须担负起大学生精神层面引导的责任、营造良好的舆论氛围，并且激励大学生培养广博的胸怀和百舸争流的勇气。通过积极参加校园活动而明白，理想的实现离不开脚踏实地的艰苦努力；明白"立志需躬行"的道理，增强德育教育工作的针对性。

三、高校德育教育对大学文化建设的作用

（一）高校德育教育对大学文化建设的道德净化作用

大学文化建设要以大学生的思想道德教育为核心，体现新时代社会主义的特点和特征，坚持社会主义核心价值体系的指导地位。高校德育教育影响着大学生的思想和行为，良好的学术环境促进师生在智力与创新能力上的发展。在丰富多彩的校园生活中，师生通过思想的交流、观念的认同、行为方式的养成，逐步形成价值取向和行为规范上的共同趋向，

产生高层次的精神需求，这些都对大学文化建设起到了道德净化的作用。

（二）高校德育教育是大学文化传承的有力工具

高校德育教育对大学文化的传承包括两个方面：一是校园内的传承，二是向校外辐射。一方面，在学校内，德育教育不仅对知识层面上的道德知识产生影响，而且对道德观念、情感态度等发挥作用，并通过大学文化的途径传承，如举办各种文体活动、学术报告、知识讲座等。另一方面，德育教育对大学文化的传承，通过社会实践向整个社会辐射。这促进了大学文化建设与社会的渗透和融合，并形成了良性循环。社会实践活动具有综合效应，能强化大学生自我完善和自我教育。有助于大学生克服简单、急躁的心理，有益于他们看清社会要求而努力成才。参加社会实践的大学生，作为大学文化的载体将各种大学文化知识运用于社会、服务于社会，间接地向社会展示学校的精神与风尚。

（三）高校德育教育是大学文化创新的主要渠道

社会上各种思潮都会影响大学文化建设。为了使大学文化在发展中进行优质选择，必然要求德育教育的正确引导。德育教育必须根据时代的要求择其精华，将前代人所创造的大学文化遗产传递下去。德育教育内容的更新、教学方法的改进、理论上的创新必然会给大学文化建设赋予崭新的内容。德育教育作为一种强大的精神动力，可以调动广大师生的积极性并创新大学文化。民族的进步、国家的强大都离不开创新。在这一过程中，高校作为创新的前沿阵地，不但要激励大学生学习文化知识，更要培养学生的创新意识与创新精神。高校德育教育内容的更新会重构大学文化的结构，并且使其不断更新与发展。大学文化建设在新的历史时期在创新中发展，紧密结合国家方针、政策，引导师生树立新观念，并不断适应社会的发展。

四、大学文化建设与德育教育的互动关系

（一）发挥德育教育的导向作用推进大学文化建设

习近平总书记在党的十九大报告中强调指出："要全面贯彻党的教育方针，落实立德树人根本任务，发展素质教育，推进教育公平，培养德智体美全面发展的社会主义建设者和接班人。"高校德育工作的主要任务是把党的十九大精神作为青年学生成长成才的思想灯塔。大学生的全面发展离不开正确价值观的引领。培育和践行社会主义核心价值观是高校德育教育工作的重点，应积极发挥德育教育的导向作用，推进大学文化建设。大学物质文化是精神文化的基础和保障，而精神文化又对物质文化起着导向作用。要把德育教育的总目标一点一滴地融入大学物质环境中，充分考虑育人的因素，着眼于对学生的关心与爱护。大学制度文化则应充分借鉴国外先进的管理制度并使之内化，建设新时代的大学制度文化应重视师生人际关系的改善、人际交往中民主关系的意识、增强群体创造意识，并相互感染、激励、完善自己。大学精神文化建设要以高校德育教育为导向，不断创新，有选

择地继承并逐步培养学生的人文精神；调动学生自觉学习的主动性和创造性，最终实现自身的成长与进步。大学行为文化主要强调学生的学风、教师的教风、学校的校风等。因此，优秀教师、学习标兵、道德楷模都发挥着榜样的作用，并形成大学优良的行为文化。

（二）以大学文化建设为依托提高德育教育工作水平

大学文化建设蕴含着丰富的德育教育资源。要推动德育教育工作水平的提高，挖掘大学文化建设中的德育教育资源，使其充分发挥作用，如大学班级文化、社团文化、公寓文化等。大学班级文化具有德育教育功能，建设氛围良好的班集体，德育教育就有了畅通的渠道。班级工作作为基本的德育教育途径能起到的作用有：培养集体主义精神、进行思想交流、引导学生正确处理人际关系等。大学公寓文化作为新兴大学文化的一部分，在高校育人工作中越来越凸显优势，构建积极的公寓文化可以及时缓解学生的紧张情绪、陶冶学生的情操并增强公寓组织的向心力，发挥整体优势。大学社团文化对学生增进身心健康、提高思想文化修养有重要的德育教育作用。同样，各种社团组织也是教师和学生之间沟通的桥梁。一方面，通过社团可以把教师的要求传递给学生，并配合德育教育工作的展开。另一方面，社团负责人会将工作中的问题及时汇报给教师，这样有利于将学生的日常德育教育与解决实际问题相结合。充分利用大学文化中的隐形课程，可以绕开意识的障碍使大学生在不知不觉中接受正确的影响。比如结合专业教学，对学生进行德育教育。通过历史课的教学可以融入爱国主义教育。通过自然科学的教学，可以对学生进行辩证唯物主义的教育等。信息时代，应充分利用大学文化中的网络资源，创新德育教育形式。网络丰富了德育教育的方法和手段，突破了传统德育教育的时间和空间限制。因此，要尽快构建和完善大学的网络德育教育平台，抢占思想舆论阵地的制高点。

综上所述，大学文化建设与高校德育教育工作相互融合、相互制约、相互促进。正确处理好两者之间的辩证关系，扬长避短、加强建设，会使大学文化建设与高校德育教育工作健康发展，这样必将促进学生全面发展，最终为社会主义现代化建设培养合格人才。

第三节　后现代主义思潮与高校德育教育

西方后现代主义思潮作为具有重要影响力的社会和文化思潮，其通过文学艺术作品等载体，利用网络新媒体等平台传播，对我国大学生群体产生了一定的影响。面对后现代主义思潮冲击主流意识形态教育、理想信念教育难度加大的实际，高校德育模式亟待变革；应丰富课程内容，创新教育模式，以马克思主义引领多元化社会思潮；加强意识形态建设，增加第二课堂的实践性，增强教育的丰富性和实效性。

后现代主义思潮出现在"二战"爆发之后的西方世界，呈现出反西方近现代体系哲学倾向的特征，主张非哲学、解构主义和多元主义方法论等。后现代主义着眼于当代社会的危机进行深刻反思，基础是现代主义，特点是强调整体性和平等自由的观念。20世纪80年代，伴随着改革开放，后现代主义思潮从西方涌入我国，从而对我国高校大学生的思想产生了深刻影响，也对我国的高校德育工作提出了新的挑战。

一、后现代主义思潮的背景和特点

"二战"后，世界进入后工业时代，西方社会工业经济的迅猛发展，人们思想、生产和生活发生巨大变革，社会矛盾逐步凸显。这些矛盾是后现代主义思潮形成的基础。后现代主义思潮自20世纪60年代在西方社会中出现发展至今，伴随着社会现代化进程的矛盾和冲突凸显出来，逐步形成了一种复杂而又多元的意识形态文化思潮。这种思潮也是人们对现代化进程和传统文化进行全方位的批判和反思。后现代主义思潮既折射了现代文明与传统文化之间的矛盾，又折射了现代社会的自身内部存在的矛盾。这些矛盾的不可调和性促使了后现代主义思潮的兴起。

出于对传统文化的不信任和对于现代文明的困惑，后现代主义的哲学特征是反思和怀疑一切，而这正是哲学思想产生的源泉所在。各种后现代主义哲学论述轮番上场，目不暇接。雅克·德里达的解构主义反对正统而创造出破碎和不确定感；让·鲍德里亚的超仿真论认为当代世界一切都是"拟像"；尤尔根·哈贝马斯的现代主义永不完成论、理查·罗蒂的启迪教化哲学、特里·伊格尔顿的文艺理论和安东尼·纪登斯关于全球化及后现代社会的辩论等也都体现了对于传统哲学的反叛和颠覆，以其独特、新颖、怪诞思想冲击着人类社会进程。

高校是一个各类思想的集中地和最易传播地，大学生是一个思维活跃的群体，易于接受新的思想和理念，但识别能力较差、辨别能力较弱。因此，大学生群体受后现代主义思潮影响最大。当前，后现代主义思潮已经在大学生的思维认知领域内逐渐渗透，对他们的思想格局和生活方式产生着深远影响。

二、后现代主义思潮在高校中的传播途径及对大学生的影响

后现代主义哲学思潮最初以文学思潮传播的形式登陆我国，凭借着多样化、立体化的传播渠道和多变的形式，在文化、思想等多领域迅速拓展。在高校，后现代主义思潮既借助传统媒介如绘画、摄影和影视作品等渠道进行传播，同时又通过新媒体技术特别是互联网络等手段进行广泛传播。对于高校大学生来说通过新媒体获取信息，这已成为他们现实学习和生活不可分割的一部分。学生通过新媒体来了解社会、掌握各类思想脉搏，也用来表达、传达情感达到交互、交流的目的。新媒体所具有的开放性、虚拟性、交互性、即时性及多元性特征相对传统媒体更具效果。对当代大学生的思维模式、语言特点、行为方式、心理意识等方面产生影响，挑战着已有的德育模式。

在传播内容上，后现代主义社会思潮通过碎片化的方式渗透到我国高校，对大学生的

学习、生活和行为举止产生了潜移默化的影响。一方面，后现代主义思潮主张尊重个体的主体认识、开放式的人性自由，鼓励多元的思维风格，推崇平等对话，倡导批判精神。这些内容对高校大学生有一定的积极作用。另一方面，后现代主义思潮中的相对主义、怀疑论等消极内容和过分注重、强调个人主义、金钱至上的价值观，也使大学生容易迷失，形成不正确的人生观和价值观，从而影响到个人的学习和生活。

三、后现代主义思潮对我国高校德育教育的影响

随着互联网时代的到来，西方后现代主义思潮迅速涌入，在一定程度上影响着大学生的思想。同时也对高校德育教育工作造成了冲击，一定程度上影响着马克思主义理论的主导地位。这样的思潮和社会现象对我国的高校德育教育提出了挑战。分析后现代主义思潮对高校德育影响，有助于改善教育工作，确保大学生坚定正确的政治方向。

（一）面对后现代主义思潮挑战，高校德育模式亟待变革

目前高校的德育课程体系相对固化，多采用填鸭式授课，教师主要依靠权威对课堂活动进行控制，用灌输式的方法进行课堂教学。从后现代主义思潮的视角来看，这样的教学模式和教育方式，缺乏灵活和批判精神，不能很好地和学生的思想生活实际结合；这种灌输式的教学活动不仅缺乏和学生的相互交流反馈，教学效果差，而且忽视了对学生的人文情怀培养。使得学生无法全面发展，也不利于学生实践技能的获取。在当前经济全球化的时代背景下，这种传统说教式的教育模式已经不能满足当代大学生对德育课程的需求，学生希望借助实践活动或者课外活动等第二课堂实践学习的方式来增强自身的德育知识。

（二）主流意识形态教育受到冲击，理想信念教育难度加大

后现代主义思潮对高校德育教育工作有一定的积极影响和促进作用，但是仍然存在很多消极影响。处于多元思潮和信息化时代的高校大学生，其思想看法和价值观念表现多元化。喜欢追求新鲜感、刺激感，对后现代主义思潮容易产生盲从心理，这无形中对我国多年来一直坚持的"主旋律"教育形成冲击。加之德育工作手段的单一，面对后现代主义思潮的冲击，德育教育的实效性受到一定的影响。在后现代主义思潮的影响下，大学生反传统、反权威意识增强，出现理想和信念弱化。甚至有些大学生无意识中放弃了正确的理想信念，丢失了人生方向和精神寄托。因为过于追求人格的独立自主，希望主宰自己的命运。在处理个人和集体、国家的关系时，更看重自我发展、自我利益和自我价值的实现。这种对个性和个人价值的极端推崇，容易淡化对民族、国家和社会的责任感。

四、后现代主义思潮影响下的高校德育教育工作应对策略

习近平总书记在全国教育大会上指出，高校的根本任务是"立德树人"，要解决好"为谁培养人、培养什么人、怎么培养人"的问题。后现代主义思潮对于高校德育工作提出了

挑战。我国高校的德育工作要以社会主义核心价值体系引领多元化社会思潮，积极迎接挑战。用社会主义核心价值观等符合国情的思想理念、政治观点、道德规范影响大学生的学习和生活，圆满完成高校立德树人的根本任务。

（一）制定丰富的课程内容，创新德育教育模式

高校要辩证地看待后现代主义思潮的影响，积极应对其对我国德育教育的影响，继续深化马克思主义在德育教育中的作用，突出社会主义核心价值观的引领。《思想道德修养与法律基础》这门课程是我国高校德育教育课程最直观的体现。高校要积极改变传统的教学理念，创新德育教学模式，做到模式多样化，丰富该课程在内容上的设计；借助多媒体设备和引进先进的教学模式来讲授德育课程、传授德育知识，激发青年学生对课程的兴趣从而达到正面影响学生的目的。

高校还可以通过建立德育工作微信平台，加强与学生的网络互动交流，及时推送相关德育内容，加强意识形态领域的宣传。德育工作者要深入研究德育教育课程的规律，以知识教育为依托进行人生观、价值观教育，以能力培养促进人生观、价值观的形成和巩固；在日常生活中可以更多关注大学生的思想、情感问题，努力帮助其升华意志品质；同时还可以通过我国优秀的文学和艺术作品来唤醒学生的道德情感。高校的德育各环节要系统化运作，相互配合、补充和促进。教书育人过程中德育主客体交替互动，做到鼓励个人多样性价值取向与坚持主导价值观教育相结合。

（二）不断深化思想引领，加强意识形态建设

德育教育的主要内容是道德规范和道德价值体系。因此，高校在德育教育方面必须巩固马克思主义的指导地位，以党的十九大精神为指导，深化思想引领，增加相关的党史、国史讲座，以及参观历史博物馆、参观革命纪念馆等环节。加强对大学生群体进行爱国、爱党和社会主义核心价值观的教育，确保学生德、智、体、美、劳全面发展。高校也可与所在省市的艺术馆、文化馆、图书馆等场馆进行共建。利用社会中的馆藏资源不仅能够有效地拓宽高校青年学生的文化视野，也能够让学生学习到老一辈革命家身上所凝聚的民族精神，有助于德育教育的开展，帮助高校提高学生的综合素养、党性修养，逐步养成良好的品德、习惯。

国家始终对青年学生寄予厚望，他们的成长离不开国家的教育和关怀。2016 年，习近平总书记在考察中国科技大学时，勉励大学生要争做"六有青年"。高校要引导教育大学生明确使命和担当，养成坚忍不拔的人生态度，成为有道德有情操的社会主义接班人。"六有"青年的提法与"勤学、修德、明辨、笃实"的要求一脉相承。从理想信念、社会责任和个人素质三个方面对大学生的成长成才提出了具体要求，为青年学生的人生观、价值观和未来的发展指明了方向，也为高校做好德育工作和人才培养工作提供了行动遵循与目标指向。

（三）丰富学生第二课堂，拓展德育教育新阵地

高等教育的主要功能体现为人才培养、科学研究、社会服务和文化传承。高校具有崇高的使命和突出的优势，其中第二课堂育人功能的充分发挥，是提升高校人才培养质量、实现立德树人目标的一个十分重要的环节。在目前部分高校的教育管理中，"第一课堂"往往能够满足青少年学生对于知识的渴求，却不能够完全的满足于德育的诉求，也就是说在传统的课堂制约着德育活动的开展与建设。而第二课堂发展领域较为灵活，不必拘泥于形式。本着以学生为本，符合高校学生的心理特征展开学习、实践活动，可以是理论类、技能类、实践类、竞赛类、志愿服务类；形式可以包括社会调研、参观访问、文化沙龙、学术讲座、科技竞赛等。

实践是检验真理的唯一标准，大学生对各类社会思潮的认识只有通过实践的检验，才能做出最理性的判断。因此，高校要高度重视校园文化建设，营造德育氛围，净化德育环境，丰富大学生第二课堂活动；多组织青年学生到基层、到企业，开展"体验省情服务群众""四进四信""争做六有青年"等团学活动；作为青年大学生要自觉践行社会主义核心价值观，主动参与"三下乡""扶贫攻坚"等志愿者服务，从中感受到德育教育的实践效果。通过参加丰富多彩、健康向上的学生社团活动，弘扬报国情怀，凸显青年使命，提升大学生的思想道德修养水平。

当前，加强大学生思想道德建设，要全方位地拓展德育教育新阵地，发挥党组织和团组织的思想引领作用，加强高校青年大学生社团建设；有意识、有目的地创建和营造一个现代化校园德育教育氛围，经常性地对学生进行形势与政策教育和爱国主义教育，让大学生学会爱国、学会感恩、学会奉献。同时积极帮助青年学生自觉抵制后现代主义思潮的错误倾向，不断提升高校德育教育的能力和实践效果。

第四节　随机教育与高校德育教育

高校德育教育作为高等教育的重要组成部分，对促进学生的全面发展有着积极的作用。在高校德育教育中，采取随机教育，要避免随意性，规范化开展高校德育教育；从学生的实际出发，有针对性地开展高校德育教育；以突出德育教育的有效性，实现教化学生的目标；帮助学生培养正确的价值观念，使其成为勇于探索、具有社会责任感的人才。

高校德育教育目标，主要是针对德育活动所培养的思想品德而做出的规定，也可以说是教育计划。德育教育目标主要涉及培养何种思想品德，以及预计达到的目标。可以说德育教育目标直接决定着其工作的内容与方法，指导着德育教育开展的全过程，是高校德育教育的归宿和出发点，因此设定教育目标有着积极的意义。

一、随机教育理念概述

随机教育是思想道德工作开展常用的手段，随机教育在政治领域的应用较为广泛。素质教育的提出，要求做好学生的全面培养工作，不仅需要注重培养学生的学科知识，掌握学习方法，还需要做好学生的德育教育与美育教育工作，以实现全面教育，进而为随机教育的应用提供了更为广阔的空间。随机教育讲求的是随机性，而不是刻意性。在高校德育教育工作中，运用随机教育，能够选择的教育地点较多，包括餐桌、课桌、电脑桌、讲台等。以餐桌为例，现代学生的生活条件较好，不珍惜食物、剩饭剩菜现象较为常见。对此开展德育教育，对全面培养学生的价值观念有着积极的作用，是良好的教育渠道。

二、高校学生思想道德观念现状

（一）道德信仰缺失

新时期下，大学生的思想道德信仰缺失问题较为严重，出现了在认知与行为等方面的不和谐现象，使得学生的基础道德水平不断下降。主要是因为学生的自我约束力较低，过于放纵自己。在学校期间，表现出旷课、作弊、不爱护公物等行为。除此之外，部分学生缺少对未来的规划，比较迷茫。因此在开展德育教育时，要注重引导学生树立正确的发展观，帮助学生找寻发展方向。

（二）心理健康问题

新时期下的学生，心理问题相对凸显，这与其生长环境与生存环境等有着直接的关系。当代大学生生活较为封闭，尤其是城市孩子，缺乏生活实际，少与人沟通。进而养成了封闭的性格，不善于表达自己的内心想法，极易产生抑郁思想。而进入大学后，因为学生来自各地，有着不同性格，而且文化背景不同，使得有些学生难以适应，性格转变较大，时间久了极易养成自闭心理。

三、高校德育教育中随机教育的实施路径

（一）图书馆随机教育

高校德育教育载体众多，可利用的随机教育地点也较多，但是多数学校尚未充分利用，如图书馆。图书馆开展德育随机教育，主要可以从多角度入手，利用图书馆环境与设备，最重要的是书籍，书籍是培养学生价值观念的重要工具。需要考虑高校图书馆的实际，部分数字图书馆已经建立完成。为了能够有效地开展随机教育，需要从内容方面入手。除了为学生提供专业实用类书籍外，还需要为学生提供有价值的思想教育类书籍，如文学类、自然科学类等。利用书籍的影响，来激发学生自主探究学习的意识，未来我国以及世界将会不断朝向信息化与智能化方向发展，但是我国电子信息工程技术以及航空行业技术等自

然领域，均缺乏大量的人才，需要大学生的支持。对此图书馆在开展德育随机教育时，可以此为切入点，如组建科学学习日与阅读日，定期组织学生参与活动；邀请区域科学研究院的学者或者文化研究学者等，来为学生讲述我国当下科技发展与文学发展的现状，使学生内心的责任感得以激发。当代学生总会提及"迷茫"这个词，究其原因无非是未能明确定位自身的发展，不知道自己的兴趣所在。而学校则可以借助图书馆资源优势，来帮助学生了解与接触更多的社会发展，使学生能够在各类活动中树立发展观念。借助正能量的人物与事物，来培养学生新时期的思想道德观念。

（二）校园网络开展德育随机教育

学生接触网络、融入网络，已经成为社会发展的必然趋势。对此学校方面不能阻挡，也难以阻挡。那么需要学校做好引导工作，与学生共同发展，利用校园网络，开展德育随机教育。具体实施，主要是利用校园网，多数学校已经建立了属于自己的校园网，可是多数学生并未参与进来。校园网不够完善，缺乏德育随机教育功能。基于此，学校应利用网络加大德育随机教育力度，如可以成立自己的公众号，由各学院的教师负责。设置学院公众号，在公众号内不断更新带有网络法律知识以及思想道德教育意义的文章，丰富公众号文章内容。切记要避免刻意性，以具有吸引力的文章来载入德育随机教育文章，以实现随机教育的目标，充分发挥网络的作用。

（三）教学课堂中开展德育随机教育

1.加强与学生的沟通

德育随机教育不是独立的，而是与教学内容紧密联系在一起的。因此德育教育需要各位教学工作者的参与，分化德育随机教育责任。其实德育随机教育并不会对教师的工作造成负担，也不需要教师刻意去探索教学方法，只需要教师加强与学生的交流与沟通，规范自己的行为，用自己的思想观念来影响学生。在教学课堂中，可以和学生共同探讨社会话题，发表对待事物的看法。对学生的反面思想，要积极加以引导，多从正面角度来引导学生。为学生讲述道理，帮助学生正确对待当下社会的发展。树立正确的发展观念与思想价值观念，使优秀的价值观念能够植根于学生的思维观念，指导学生朝正确的人生道路方向前进。对此，教师可以组织学生开展班级"奇葩说"，基于学生的兴趣爱好，为学生提供发表言论的平台。进而掌握学生的思想现状，加以引导，扮演马东与蔡康永等角色，使学生既能够保持自己的观点，也能够树立正确的价值观。

2.加强心理健康教育

让学生主动表达自己的看法，开放自己的内心，使学生不长期处于封闭状态，避免学生产生抑郁心理。做好学生的心理辅导工作，使学生能够拥有健康的心理。当下多数高校虽然开展了心理健康教育，但是教育功能低下，半个月1节课，教学内容多是心理测试、心理辅导等，难以有效达到心理健康教育功能。对此需要做好教学改进，从日常教育入手，配合好教育工作，关注学生的心理健康状况。

3.借助教学资源优势

教师可以借助教学资源载体，即课本，来开展德育随机教育，深度挖掘课文知识。有人说理科难以开展德育随机教育工作，实则不然。文科拥有人文知识教学资源，而理科具备的是理性教学资源。当下时期我国科学技术发展得较快，教育知识更新较慢。有些知识需要学生自主学习，这需要学生具有正确的学习观念与发展观念，能够意识到自主学习的重要性，养成自主探究习惯，这些均需要教师来引导。而科技发展现状便是最佳载体，包括新闻、数据信息等。需要教师充分利用各类资源，具有较强发散性思维，能够联系生活实际，做好教育传播工作，进而实现德育随机教育。德育随机教育的开展存在难度，但是当摸索出规律后，便能够轻松地开展德育随机教育，实现教育目标。

（四）借助大数据优势

随着大数据的发展，其已经被广泛应用在高校思想政治教育工作中，用来分析学生的思想现状，进而调整德育教育工作，以提高高校德育教育的效率与质量。通过大数据调查分析，多数大学生有着正确的人生价值取向，可以正确看待个人价值和社会价值之间的关系。66.4%的高校大学生认为"奉献是人生最大的快乐"，只有5.1%的大学生不认同"人生梦想是国家梦、民族梦和个人梦的有机统一"。16.1%的大学生不赞同"人生价值只有在集体中才能得到更好的实现"。在实现个人价值与实现社会价值两者之间，68.4%的大学生倾向于在两者之间寻找平衡。大学生群体明确人生观，受多元因素的影响。大数据调查数据显示，92.7%的大学生表示拥有明确的人生理想。在人生理想关注因素方面，大学生对"事业成就"（33.3%）的关注度最高。总体来说，大学生群体有着积极、正能量的人生观，受消极人生观的影响相对较小，这对开展德育随机教育有着积极的帮助。

（五）发挥自身的能动性

高校德育教育工作中，运用随机教育，需要教师充分发挥自身的能动性。因为教师始终是学生的引路人，在学生的成长道路上，发挥着积极的作用。在实际教学工作中，教师可以利用互联网渠道，运用互联网思维，即开放性思维与创新思维、平等思维，树立平等意识，深入学生群体中，充分了解学生的生活实际，掌握学生的思想现状。在与学生交往的过程中，以实际案例作为教育素材，开展随机德育教育，促使学生能够潜移默化地接受德育教育。树立创新思维，基于互联网思维，改进教学方法与模式，创新教学内容，立足于德育教育理论。注重联系生活实际，从学生的角度出发，采取学生能够接受的教学方式。加强和学生的有效沟通，以提高教育效率。除此之外，教师还需要积极探索如何加强大学生职业素养教育的研究，帮助学生做好岗前思想调整。使其能够快速适应角色转变，以减少学生从业后的不适应感。

总之，高校德育随机教育的开展，着力解决的是学生的思想问题，包括道德信仰缺失问题、心理问题等。要利用图书馆、课堂教育等资源，开展德育随机教育。在开展德育随机教育的过程中，要注重随机性，切不可过于形式化。从学生的角度出发，采取有效的教学方式，以实现高效教育。

第五节　大思政教育与高校德育教育

随着社会的迅猛发展，教育改革的日益深化，高校学生的品德问题已经越来越引起社会各界的关注。目前，高校学生思想品德方面的一些问题已经对其学习与生活产生了巨大的负面影响，亦不利于他们的健康成长。因此，我们要将更多的目光聚焦于高校学生德育工作中存在的问题，提出"大思政"教育视野下，探索高校德育教育的有效途径，增强学生的道德品质和素养，促使学生全面健康成长，从而推动我国高校思想政治工作的进一步发展。

大学生是国家未来发展的栋梁，承载着中华民族振兴的希望。作为党和国家思想政治工作的重要一端和前沿阵地，高校思想政治工作承载着非常重要的职能，而德育教育作为思政教育中重要的构成部分，意义重大。习近平指出，教育强则国家强。高等教育发展水平在很大程度上是一个国家综合实力的体现。中华民族想要再次屹立于世界民族之林，就必须充分认识到教育的重要意义。然而随着改革开放的不断深化，社会经济快速发展，高校学生在价值取向、道德观念等发生了巨大变化。是非观念淡薄、个人主义等不良思想观念不断出现在大学生群体中，给高校思想政治工作带来了巨大压力和挑战。更新学生的德育观念，提高高校德育教育的实效性成为现代高校教育的重点。

一、当代高校学生品德存在的突出问题

缺乏正确的"三观"。当代大学生思想品德发展的主流趋势是好的，是积极向上的。但随着改革开放的进一步深化，社会上出现了诸多不良现象、不良思潮，如金钱主义、享乐主义、功利主义、实用主义、极端个人主义等。使得一部分学生知行背离，在思考人生价值时产生了困惑，个别学生甚至出现了错误的人生观。

大学生的诚信度大大降低。考试作弊是当代大学生诚信度降低的突出表现。无论是国家级的考试还是学校的结业考试，都存在作弊的现象。此外，拖欠学费、助学贷款等失信行为时有发生，学术造假、论文抄袭现象屡禁不止。

尊师气氛在高校校园里被淡化。严格地讲，尊敬师长是作为学生最重要的也是必须严格恪守的行为守则。在近几年的媒体报道中，经常提及尊师问题，一些调查显示在校大学生中有相当比例的学生不知道自己任课老师的姓名，有些学生甚至在公开场合与老师激烈争辩，着实有伤尊师重道之风。

高校一直以来秉持的德育理念通常有两种：其一是"社会本位论"。将目光聚焦于德育的社会价值，认为它是为了给社会输出适应社会需要的、能够保障社会平稳发展的人。

其二是"个体本位论"。将目光聚焦于德育的个体价值，侧重于满足个人需求、促进个人的全面发展。两种理念均较为片面，前者凸显社会价值，难以有效调动高校教师与学生参与德育教育的主观能动性。后者则凸显个人价值，相较前者而言尽管有一定程度的进步，然而将目光过度聚焦于受教育者的个体价值，实现实际上会在某种程度上影响社会的稳定发展。整体而言，目前高校所秉持的德育理念已经明显不适应如今这个快速发展的时代，对于德育教育的引导性不明显，造成在开展相关活动的时候大学生缺乏积极性，德育教育很难发挥出应有的作用。

高校德育制度建设是基于高等院校的现实情况来制定的，是要求所有老师与学生共同遵守的一些行为准则和规范体系。然而目前，高校在此方面还存在诸多问题，基本上表现在以下几个方面：一是领导选拔机制不完善，目前高校的领导班子缺少德育教育方面的专家，因而缺少相应的专业知识，同时缺少对这方面的重视。其次，教师评价机制不健全，并未将老师参与德育教育工作的程度作为评价优秀教师的一项关键性标准。无法有效调动教师参与德育工作的积极性，很难将德育教育应有的作用与价值真正发挥出来，仅仅流于形式。最后，尚未构建学生精神激励机制，如今大学生的思想修养及道德素质不够稳定，易受外界不良思想的影响，而高校管理者对他们精神层面的需求缺少应有的关注。学校在精神方面采取的激励手段较为单一，不利于德育工作的有效开展。

二、高校德育教育尚未构建长效机制

基础制度建设非常关键，意义重大。然而想要将其做到常态化，并能够长期持续发展下去，则需要高校构建一个科学、合理的长效化体制机制。首先，当前高校的德育教育通常是采取灌输式的方式。学生处于被动接受的地位，学生的德育主体性地位并未得到凸显，采取的德育教育方式不适应时代发展。其次，高校并未构建学生自主管理、自觉管理机制，无法有效激发学生的主观能动性，不利于德育教育的开展。最后，社会与很多家长认为德育教育应该是高校承担的责任。当今社会，金钱至上风气盛行，对人的思想品德缺少关注，学校、社会和家庭合力育人机制薄弱。

三、高校德育教育策略

（一）树立新时代高校"德育生态"新理念

观念是实践的先导，德育教育想要真正发挥作用、与时俱进，首先需要转变观念。在新的形势下，实现高校德育教育的有效开展，至少需要确立下面三个理念。

第一，人本理念。相较一些枯燥的理论知识，思维活跃、主体意识强的大学生更愿意接受采用共同探讨双向交流的对话方式。把大学生当作自己的亲友，给他们充分的认可与尊重，让他们在耳濡目染中受到德育。如此才能够从真正意义上获得学生的信任与尊重，才能够得到教育的主动权，真正实现思想政治教育的根本目的。

第二，互动理念。过去在开展相关工作的时候，一般采取"填鸭式"或者"灌输式"的教学，仅仅是单向传播，双方之间缺少基本的互动与交流。学生通常很少会积极参与进来，甚至存在一定的抵触情绪，因此最后获得的效果并不理想。所以，在教育过程中，应该将双方置于平等的地位，加强彼此之间的沟通与互动，从而获得更好的教育效果。

第三，开放理念。高校德育教育工作者要确立开放观念，全方位地开展教育工作。不仅应该对民族长期流传下来的优秀文化传统加以继承与弘扬，还应该对西方国家的一些有价值的东西加以学习与借鉴，引导学生确立正确的世界观、人生观、价值观。

（二）加快高校德育制度基础建设

在新时代，大学校园的德育建设需要完善的制度来规范人。

改革高校领导层的选拔制度。在高校领导班子的配备和选拔方面，应该选择一些不仅具备丰富的专业知识，同时在这一领域拥有大量经验的人来担任，让这一教育和专业课教学紧密联系在一起。

最大限度地调动起老师参与此类活动的主观能动性。学校应当充分联系实际情况采取针对性的措施来健全教师评价制度，将老师参与此类工作的程度作为评价优秀教师的一项关键性标准。

当前我们应该将目光更多地聚焦于学生精神激励机制。高校大学生是高水平的人才，他们渴望自身价值的实现，希望得到精神上的尊重与认同。但是目前高校管理者对他们精神层面的需求缺少应有的关注，学校在精神方面采取的激励手段较为单一。应该在这方面加以改进，才可以让学生真正积极接受德育教育。

建立健全大学生德育建设长效机制，不仅能够有效传承中华上下五千年光辉璀璨的传统文化，促进大学生科学价值观的构建，更可使其在实践中真正落实社会主义核心价值观，提高高校思想政治工作的实效性。

应该拓宽德育教育渠道，如通过开展主题班会来强化德育教育，或者通过学校组织的辩论赛、演讲比赛等形式来让学生受到耳濡目染的德育教育，增强学生的道德素养。

建立学生自主管理、自我管理机制。利用校、院两级的学生组织和学生社团，建立学生自主管理机构，制定相关的规章制度；自主策划大学生真正喜闻乐见的德育活动，激发大学生自我管理、自觉管理的积极性和主动性。

应建立学校、家庭、社会三位一体的综合育人协同机制。德育教育是一个完整的生态系统，它需要社会各界的广泛支持，需要学校、家庭和社会积极行动、共同维护、形成合力。

德育教育作为我国高校思想政治教育不可或缺的构成要素，在引导学生构建正确的价值观、促进其全面发展方面具有非常重要的作用。因此，高校应转变传统观念，更新德育教育观念；运用"大思政"视野来分析高校德育教育工作的开展方式及策略，以促进高校德育教育顺利开展，增强学生的道德素养，实现学生的全面发展。

第六节　积极心理学与高校德育教育

积极心理学以一个全新的视角来研究心理学，主要研究个体的积极情感体验、积极的人格品质和社会中积极的组织体系。重视发现、挖掘个体潜在的积极力量。从高校德育的现状出发，分析积极心理学应用于高校德育的意义，提出高校应培养积极品质和人格，引领道德品质的提升；增加个体和群体的积极体验，增进道德情感的提升；优化院系班级组织系统，建构和谐积极环境；增强学生的自省意识，提升德育工作者的赏识意识。

随着全球一体化进程的加快，社会对人整体素质的要求越来越高。因此，德育逐渐被各个高等院校所重视。其实，从小学到大学，德育贯穿于学生教育的始终，"出现问题而后纠正"一直是教师所采用的主要方法。而积极心理学的出现，为德育教育提供了新视角。积极心理学的研究重点在于激发个人的积极性，增强个体蕴含的积极力量。以下试采用积极心理学的理念，探索高校德育的新路径。

一、积极心理学研究概述

积极心理学这一概念最早是由美国心理学家赛里格曼于1997年提出的。它出现仅仅二十余年，却迅速发展成为热门研究领域。这不仅是因为积极心理学的积极取向符合时代发展潮流，还因为积极心理学可以引导现代人积极、乐观地看待自己、看待别人、看待社会，用积极的心态去追求自己的目标和理想。

积极心理学研究内容可以归纳为三个方面：第一，个体积极的人格品质。积极心理学认为每个个体都存在积极的人格特性，如坚韧、执着等。心理学研究能帮助个体意识到自己所具备的积极特性，并挖掘发挥出来，从而让个休更乐于接受自我，积极自信地面对自我，利用积极的力量来应对和解决问题。第二，个体积极的情绪情感体验。积极心理学研究人的积极力量，其中不乏对个体的主观情绪情感的研究，如幸福感、满足感等。情绪情感的感知具有很强的主观性，积极心理学引导人们通过对积极情绪的感知，学会感恩，使人们对这个世界多一份尊重与认同。第三，社会中积极的组织系统。每个大学生都是社会组织的一分子，存在于家庭、学校和社会中。从不同层面看，大学生处于不同群体组织系统、不同关系架构中；但是，不论哪种关系或系统，都有一定的运行规则。因此，积极心理学也涉及社会道德、个体责任这些积极的社会关系，为个体建设自己良好和谐的组织关系提供参考。

一直以来，我国高校在大学生德育方面采取的是"出现问题—解决问题"的教育模式。以学生在学习和生活中出现的问题为中心，开展思想教育讲座、心理教育主题课、安全知识讲堂、社会主义价值观的学习课等等。这种教育的弊端是在问题发生后才采取应对措施，缺乏防患于未然的意识，对学生价值观的引导和心理素质的提高没有起到太大的作用，也无法阻止后续问题的发生。而且，高校辅导员往往只针对出现问题的学生进行引导教育，不太重视其他学生的道德培养和价值观引导。从某种程度上说，这种德育模式削弱了教育效果，忽视了对大多数学生的引导与积极力量的挖掘，不利于学生的整体成长。

二、积极心理学应用于高校德育的意义

从积极心理学的观点来看，要减少甚至避免高校大学生出现道德问题，仅仅采用"出现问题—解决问题"的方法是不够的，要在学习和生活中培养学生的积极情绪情感体验。辅导员和教师应发掘学生积极的人格和品质，发挥大家的力量构建一个积极向上的环境。这些日常的积极心理方面的浸润比事后教育更有效，也更有意义。因此，积极心理学在高校德育方面有三层意义。

（一）为高校德育提供了新思路

积极心理学理念为高校大学生德育开辟了新思路。与传统模式不同，积极心理学让辅导员和教师开始思考怎样激发学生积极的个人特质，怎样帮助学生学会感知和体验积极的情绪情感，怎样让班级、院系乃至大学校园形成一个有朝气的积极组织体系。现代大学生的德育立足于学生整体，把全体学生作为德育对象，培养拥有专业技能的高素质人才。积极心理学与高校德育相结合，为高校德育工作提供了新的方法和路径。

（二）有助于高校德育目标的实现

大学阶段的德育目标是促进大学生全面协调发展，引导大学生树立远大理想，坚定马克思主义信念。高校德育兼顾着培养学生社会主义核心价值观的任务，继承和发扬中华民族的传统美德，提高道德意识。因此，大学生的德育工作除了对学生人生观、世界观和价值观的引导，还要培养学生良好的人格品质。而积极心理学对个体积极心理品质的发掘，对组织体系内的道德感、责任感的培养，有助于实现大学德育的目标。

（三）有助于大学生积极人格的塑造

积极心理学对实现高校德育目标有着积极意义，从个体层面来说，积极心理学有助于培养大学生内在积极品质和内心和谐的幸福感；塑造积极人格，使其在学校的学习和未来的生活中保持积极乐观的心态。

三、高校德育教育新路径

（一）培养积极品质和人格

积极品质是个体积极的心理特质，具有建设性作用，是积极力量的源泉，对个体的发展有重要意义。积极人格是个体所表现出的持久一致的性格特征。个体人格在一定程度上影响着个体情绪情感和行为表现。目前，国内外都在强调"以人为本"的理念，在高校德

育中，"以人为本"被教师理解为重视学生个体的发展。但这个发展和进步不能仅局限于高校学生专业知识的学习和积累、团体活动组织经验的增多和社会交际能力的提升。还应该扩展到学生自身的理想、做事的态度，甚至学生人生观、世界观、价值观和性格气质等个性心理的整体发展。大学生活处于校园生活和社会生活的交界地带，不少学生进入大学才开眼看世界，学校中发生的种种事情会对他们的世界观和价值观带来冲击。因此，一定要从学生的积极品质出发，塑造学生的积极人格，使其具有强大的内心力量和良好的心理素质，更好地适应学校和社会环境。对大学生积极品质的培养也可以增强学生的积极性和创造性，有助于学生的发展和成长，实现自我理想。

（二）增加个体和群体的积极体验

积极体验是参加活动的个体在活动中发挥个体潜能，突破自我后产生的愉悦感。积极体验的增多能够促进个体积极品质和积极人格的形成。积极心理学认为，每个个体本身具有积极的心理特质，但是很多情况下这些积极特质不会自动发挥出来，需要积极体验带来的积极情感才能被激活。因此，积极体验不仅使个人生活丰富多彩，还能促进自身积极品质的发展。积极体验所带来的愉悦感主要来自个体超越自我、突破自我，冲出了自己对自己的设限所产生的心理享受。因此，高校德育可以将德育的内容转化为学生活动，让学生在活动中增加积极体验，加深道德情感。

（三）优化院系班级组织系统

种子的成长需要环境，而德育中美好品德的培养同样需要营造和谐美好的环境。因此，高校辅导员和德育教师可以从营造朝气蓬勃的校园氛围出发，从院系、班级、宿舍环境入手，给大学生创造一个积极活跃的文化环境，来激活他们美好心灵的种子。

首先，辅导员应充分运用所具备的心理学知识和丰富的组织经验，对大学生所面临的问题做出评估，对其成长发展和能力提升做出合理规划。并在此基础上，设计班级或院系的团体活动，积极挖掘学生潜在的积极力量，让学生突破原有自我，获得积极体验，享受积极情感。通过组织各式活动，培养大学生的积极品质和积极人格，鼓励学生积极乐观地看待问题，集中个人优势，发挥团队合作精神解决问题，帮助学生一分为二地看待问题，遇到困难不退缩，锻炼抗挫折能力。

其次，重视班级组织建设，创造积极的班级气氛。积极的班级环境有助于个体自身积极品质的培养，增强学生的责任感，帮助个体在班级中寻找归属感。

（四）增强学生的自省意识，提升教师的赏识意识

自省意识要求学生发掘自身的潜在力量，评估自身的能力。并在此基础上对自己的发展做出规划。积极心理学认为人不是一成不变的，而是一个变化的、发展的、成长的个体。从多层面、多角度发现自我积极特征。通过参与组织活动，多次体验积极的情感，突破自我，强化自身的积极品质，用积极的心态激活更大的积极力量。同时，辅导员等德育工作者应熟悉心理学专业知识，更应该从欣赏的角度观察和寻找学生内在的发展潜力，以积极

开放的眼光来寻找每个学生身上的闪光点，引导他们认识自我，用发展的思维去完善自我。

纵观我国高校德育的现状和目前积极心理学的研究成效，高校的管理者应依据积极心理学理念，重建德育模式。与此同时，高校要组织辅导员和德育工作者研究积极心理学的最新成果，不断更新教育理念，探索新方法。在实践中积累经验，开创高校德育工作新路径。

第五章　现代高校德育教育中学生能力的培养

第一节　高校德育目标：道德智慧的培养

道德教育的主体是道德智慧，它是道德行为实践者道德境界的表现形式。在今天价值观念多元化和快餐文化盛行的社会，道德智慧教育的加强必不可少。高校德育目标应定位于学生道德智慧的生成和发展，以此来提升学生的道德智慧水平以及感知幸福的能力。

道德智慧是道德和智慧的融合，"智慧和德行都是实践的功夫，智慧是一种理性实践，德行是一种道德实践"。人们的外在行为隐含着道德智慧，而且人们的道德智慧是经过道德判断，达到最佳道德手段的选择。

一、高校德育背离道德智慧

（一）德育等同于智育带来学生幸福感的失落

高校德育的加强与学生幸福感的提升背道而驰已成为常见现象，传道授业是道德教育中师生间最主要的关系。如果道德教育的存在仅仅是学生对道德知识积累的量化和对道德规范的敬畏，会出现这样的结果：学生道德情感和信仰缺乏，道德教育脱离现实生活。学校过分地将道德教育目的定位于道德知识的获得，忽视学生的幸福，会导致德育走上背离其实质的道路，这是失败的。

（二）道德智慧的缺失易产生道德教育中的道德悖论现象

在道德教育中会遇到一些问题：人们遵从道德要求，为产生好的道德行为结果，会摒弃些许幸福要求，由此产生道德悖论问题。当我们的学生凭据道德规则进行行为时，便意味着他们正放弃一定的幸福，形成了道德教育中的道德悖论现象。我国高校德育，聚焦于如何加强对学生进行道德知识的灌输，希望培养出具备高尚道德品格的学生。这样的学生在面对现实的生活情境时会出现不知怎样把好的道德动机转化为好的道德结果，导致道德悖论的产生，这也是对学生道德智慧培养忽视的后果。

（三）道德智慧的疏离导致道德"绑架"现象

传统道德教育的注重点是对学生进行道德认知教育，一味强调知识的传授，有好的动机和好的行为的学生就是优秀的。这样的学生只会机械理解道德知识，在运用过程中缺少灵活性；缺乏对学生进行道德智慧的培养，更多的人易被道德"绑架"。我们从道德智慧角度反观小悦悦事件，可说明此观点。陈阿婆救人心切，若想到身受重创的人不能随意挪动，她可以有更好的选择，即维护事故现场秩序和求救于医院。用我们的智慧思考一下，在类似这些事件面前我们可以有更好的解决办法。

二、培养道德智慧的必要性

（一）通过道德智慧教育帮助学生发展幸福

真正的幸福感是一种道德情感体验，不是主体的需求得到满足就会带来，而是人性得到充分的认可和人的价值得到高度的实现。对于现今的青少年来说，物质生活和精神条件极大丰富，而他们却察觉不到自身幸福处境，还发出抱怨。关键原因是感知和体验幸福的能力低下。通过道德智慧教育来提高学生感知幸福的能力，使学生拥有不断超越现状的心态，最终成为能够自立、自信、自强并主宰自身命运的智慧个体和道德自我。

（二）通过培养学生的道德智慧来尽量避免道德悖论的发生

亚里士多德在《尼各马可伦理学》中指出，"人通过做正义的事而成为正义的人，通过节制的行为而成为节制的人。人只有通过实际地运用德行才能够获得德行，可以看出具体的德行实践是人的德行形成的源泉"。道德智慧属于人的德行，通过具体的道德实践活动能培养出道德智慧。高校道德智慧的培养内容是指导学生在具体的道德行为中，首先要清楚了解所处道德实践环境；其次是分析可用道德行为的手段，明辨道德实践手段之间的差异；最后选择到达道德行为目标的最佳手段。长久的道德实践后，学生才能具备道德智慧，避免道德悖论。

（三）通过道德智慧能培养出学生的道德智慧型人格

道德智慧要求人适当地认识并处理人与自身、人与他人、人与社会之间的关系，进而保障人与种种社会关系的和谐。学生要能认可万事万物存在的价值，虚心向周围的人和物学习，达到具备内省的品质。道德智慧型人格是一种和谐发展的人格，能促使心理和行为之间彼此协调，能促使学生自身与环境之间的高度协调，以及自身与各种社会关系的协调，将给人带来美好的幸福生活。

三、道德智慧的培养路径

（一）增强学生自觉的道德意识

学生自觉的道德意识是道德智慧培养的基础，培养和提高道德学习主体的智慧，必须充分调动和发挥学生内部心理机制的作用。个体道德的形成是由道德他律渐渐内化积淀为道德自律的过程。而个体道德观念的形成又是一个逐渐发展和深化的过程，因此高校德育在学生道德观念的形成过程和道德智慧的培养中，不仅要加强学生自我认识的教育，引导学生时刻内省，避免学生陷入道德知识与具体道德问题分析相脱节的困境中。

（二）提高学生正确的道德选择能力

道德智慧是感性与理性的统一，不仅使我们在道德面前变得睿智，更令我们的道德行为变得美好，具备良好的道德选择能力是道德智慧实现的重要手段。高校道德教育的着重点在于除了培养学生良好的道德动机外，需注意提高学生正确的道德选择能力；明辨各种道德情境，选择最佳的道德手段，如此才能够使学生的道德行为尽量避免恶的结果。

（三）创造真实的生活情境体验

道德智慧来源于人的生活世界，表现在人对生活中具体的道德实践情境的感知、选择和行动中。德育中最重要的方法是组织和开展道德实践活动，创建极具感染力和真实的道德情境，来促发学生对道德智慧的亲身体验，能够养成好的道德行为习惯。道德智慧的培养定会促进学生的均衡发展。随着学生道德智慧水平的不断提升，学生将会自主构建协调的身心发展环境，从而为创建和谐共存的社会而努力，形成一个良好的互动共生情景。

第二节　高校德育体系下学生干部的培养

高校学生干部群体类别众多，但管理归口不一。由于高校对学生干部的管理路径和培养方法存在差异，导致了学生干部形象、素质参差不齐，能力、水平良莠不齐的情况。但学生干部又在高校的德育教育的推广和影响中占据着不可或缺的一环。本节从当前高校学生干部培养的表征及问题进行分析，对学生干部的培养及影响提出一些切实可行的思考。

德育教育目的在于引导大学生道德品质和道德情操教育。德育教育是一个庞大的系统，需要投入大量的师资、人力、物力。通过对高校学生干部的德育教育与培养，不仅可以达到高校德育工作的基本目标，而且可以利用学生干部在学生中的影响力，以榜样及精神领袖的作用影响周围的同学。可以使学校德育教育达到更好的效果，从而使高校的其他教育与管理得到更好的保障及推动。

一、高校德育教育背景下学生干部培养存在的问题

（一）服务项目综合，任务多于培养

随着教育体制改革的不断深入，以及大学生学习、生活方式出现新变化，学生干部日益成为高校中具有重大影响力和凝聚力的群体，也日益成为大学生思想政治教育工作的一个重要渠道。他们对丰富大学生生活，活跃大学校园文化，全面提高大学生综合素质起着举足轻重的作用。学生干部作为高校的活动组织者、日常管理实施者、服务者，承担了其

他一般学生不需承担的工作。

同时，学校进行德育工作管理需要投入大量的资源。例如云南师范大学的德育操行从记录到审核需要学生干部、班主任、辅导员、副书记每周、每月、每学期花费一定的时间和精力来完成。在这个过程中，学生干部承担的更多是执行者的工作。遵循上传下达的运行模式，机械式地接受然后运行。从任务发布到完成，学生干部仅仅有实践没思考，与学生干部的素质培养理念相违背。

（二）"学干"培养重于理论，轻于实战

实践能力是人在实践活动中培养和发展起来的解决实际问题的能力。这样的语义定位对高校学生干部建设提出了相应的要求。应当重视加强对大学生自主学习能力、信息获取能力、观察分析能力、实验研究能力、表达沟通能力、交往合作能力等实践能力的培养。在德育教育工作中，如果学生干部不能主动、创造性地开展工作，这对德育教育的深入效果则有一定的阻隔作用。而在持久的学习过程中，教育与实践不衔接，会使学生产生厌学情绪。再加上学校评价体系滞后，就会导致知与行脱节。在"学生"与"干部"这样的双重角色互动下，两者是互通共连的，"学生"中的知行脱节把"干部"的实践能力层层弱化，这样的形式使得学生干部仍处于重理论缺实战的尴尬境况中。

（三）"学生官"作风不正，"学""干"矛盾升级

"学生官"这个称呼在高校里已经是一种风靡之态，部分学生借着自己是某社团机构或者学生会成员的身份，总有一些言行不利，居高自傲的行为发生。大学里崇尚的是"象牙塔"式的学习氛围，不希望被一些功利主义者破坏平衡。部分"学生官"作风懒散、行事浮躁、摆架子、追名逐利。不仅使得组织内部成员对其心生不满，也让广大师生群体对这样的干部失望至极。这就引发了一系列学生干部之间、学生干部与学生群体之间的矛盾。

学生干部承担着处理班级教学事务，疏通学生与老师关系的责任，对优化学校管理起着关键性作用。这样的干部应该是无私、廉洁、亲民的。作为学生中的领头雁，排头兵，一切行事都应该有自身的原则定位。既为领导，就应该务实、勤政。学生干部堪为学生表率，最大限度的发挥先锋模范作用。只有在学生中建立起威信和好感度，本身的干部身份才能发挥作用。

（四）应届学生干部的滞留

人才稀缺是当前社会发展的一大弊病，学校管理也是如此。在大学的师资队伍中，有很多教务秘书和辅导员是从学生干部发展上来的。从学生时代老师的好帮手，到毕业后学生的教辅员，学生干部的"留校"制度已经续存多年。这样的制度对学校的管理建设层面是有帮助的，但是无形之中形成了一种恶性竞争。德育教育着力于培养多方面兼具能力的优秀学生干部，不仅方便于学校自身管理，也是为社会需要提供人才。应届优秀毕业生中，会有一些优秀学生干部直接获得"保送"或者"推免"的资格。但是名额稀缺，往往会有一大批人为了这样的机会争高下。学校秉承一切为了学生的服务原则，应该为其拓宽"学

干"毕业后的发展渠道，提供更多的机会，而不是仅仅"滞留"极少数的学生干部。

二、高校学生干部培养体系的建设

（一）提高选拔质量，进行层次考核

目前，人才缺乏已成为当今社会不可避免的问题，在学校同样如此。学校面对这一情况的举措就是多方面、大力度选拔人才，完成对在校生的提前"社会化"培养。学生干部选拔成为高校建设过程中必不可少的环节。所以针对干部选拔，应提高一定的标准，进行高质量的层次考核。在笔试面试的基础上对学生干部采取实习期控制将会是学生干部选拔的一大进步。对学生干部选拔应提出以下要求：

（1）高尚的道德品质。学生干部是学生工作部门与学生之间联系的纽带与桥梁。学生干部的思想品质严重影响着学生与管理部门的发展。学生干部要有良好的道德品质，全心全意致力于自己的岗位，做好学生中的领头雁、排头兵，而不是"学生官"。

（2）良好的政治素养。现如今大学生的思想活跃，对政治问题相对敏感，参与度也比较强。但是缺乏一定辨别是非的能力，容易受到一些不正确言论的摆布。学生干部一定要有分辨的能力，具有大局意识，在一些必要时候协助老师和学校摆正身边的一些不正当言论和行为。

（3）优秀的学习成绩。现在部分学生干部以学生干部工作为由耽误专业课程的学习，出现严重缺勤专业课程甚至挂科的现象。这样的学生干部在同学之间很难拥有一定的威信，也严重扭曲了学生干部工作的真正目的。

（二）积极开展对学生干部的培养工作

对学生干部的培养需要全方位拓展，未雨绸缪，而不是要等到真正需要学生干部领导事宜的时候临阵磨枪。积极对学生干部进行教育培训，从不同方面强化学生干部的意识与能力，此项工作刻不容缓。

1. 沿习大众文化教育，形成有规律的干部市场

在网络和信息技术高速发展的时代，面对复杂多元的社会，高校的学生干部普遍存在着良莠不齐的现象。从学院学生会干部到社团联合会成员，学生干部都呈现出一种多元又复杂的发展态势。其中，干部自身的文化素质、身心健康、道德品质等元素都各不相同，却又是一系列的被评判标准。针对这一混乱的现象，进行大众文化教育势在必行。

高校对于广大学生的教育一方面是马克思主义思想的教育和引导，确保学生干部的立场和坚定性。另一方面是对学生沟通、协调、组织能力等方面予以发掘和培养，使广大学生具有较高的政治素质和实践能力，形成一种克己的主人翁意识。注重干部储备库和梯队的干部市场的培养和形成。

2. 打造"小灶式"教育，拓展精英文化

在高校德育体系下广大的学生干部人群中，"学生干部精英"承载的就是社会难以大

幅培养的精英文化。为打造学生干部的品质，成就精英型学生。学校可以对部分学生干部开设"小灶"，专门开辟通道，聘请教师专业辅导，提供平台和机会进行锻炼等。使其得到多方面的锻炼，缩短从学校到社会职场的距离。

同时，在日常的活动中，可以依托指导教师的力量对学生干部进行指导。每一次活动的举办，从前期的准备，到中期的执行，再到后期的反思总结，指导教师要对学生干部进行深入的引导，大胆的锻炼，深刻的总结，从实践中磨炼学生干部。

（三）实行对学生干部的输出与反哺

学生干部对在校生施行的"传帮带"扶助模式在中国传统技艺教授中长期存在，综合来说就是"传"出智慧、"帮"出成长，"带"出文化。这样的教育方式持续培养出了一代又一代的社会人才。学生干部在校期间可以将自己的经验传授给低年级的学生，达到传统的延续。毕业之后又能将学校的精神带到单位和社会，为单位与学校之间的联系合作甚至招聘等牵线搭桥，为学弟学妹提供实习和就业的机会。从另一个角度来说，优质学生和学生干部的输出不仅肯定了学校办学水平，也扩大了学校的社会声誉，为学校的招生和发展提供助力。

德育教育目的在于引导大学生道德品质和道德情操教育。通过对高校学生干部的德育教育与培养，不仅可以达到高校德育工作的基本目标，而且可以利用学生干部在学生中的影响力，以榜样及精神领袖的作用影响周围的同学；可以使学校德育教育达到更好的效果，从而使高校的其他教育与管理得到更好的保障及推动。

第三节　高校"全员参与"德育意识的培养

新形势下，高校人才培养的迫切需求和大学生自身发展的特点要求我们必须树立全员德育意识。培养"全员参与"德育意识，学校需要制定和完善有关制度、政策，采取切实措施调动全体教职员工的积极性、主动性。把德育渗透于教育教学的各个环节，贯穿于学校教育、家庭教育和社会教育的各个方面。

近年来，随着社会主义市场经济体制的逐步建立，以及科学技术的迅猛发展，"如何教育青少年正确认识我国国情，继承和发扬中华民族优秀文化传统和中国共产党领导下的革命斗争传统，树立民族自尊、自信、自强、自立的精神"，"如何引导学生逐步树立正确的世界观、人生观和价值观，培养良好的道德品质"，"如何指导学生在观念、知识、能力、心理素质方面尽快适应新的要求"，《中共中央关于进一步加强和改进学校德育工作若干意见》明确指出，"这些都是学校德育工作需要研究和解决的新课题"。

那么，如何更好地适应新形势下学校德育工作的要求？笔者认为，在全面贯彻党的教育方针，坚持社会主义办学方向的前提下，落实《国家中长期教育改革和发展规划纲要

（2010-2020 年）》的指导方针，即"把育人为本作为教育工作的根本要求"，"坚持全面发展"，"坚持文化知识学习与思想品德修养的统一"，逐步完善德育体系，积极推进教育教学改革，形成全员德育意识，努力实现教书育人、管理育人、服务育人的高校德育新局面。

一、德育与全员德育

德育，是学校教育的重要组成部分。它与智育、体育等相互联系，彼此渗透，密切协调，共同育人。但是，相对于智育、体育、美育、劳动技术教育，德育有其自身的特殊本质。"德育是教育者根据一定社会、阶级的要求和受教育者品德形成发展的规律与需要，有目的、有计划、有组织、系统地对受教育者施加思想、政治、道德和法纪的影响。并通过受教育者积极的认识、体验、身体力行，以形成他们的品德和自我修养能力的教育活动。"

根据高等学校德育的特殊性质与要求，《中国普通高等学校德育大纲》对德育目标、德育内容、德育原则、德育途径、德育考评和德育实施等都做了详细的规定。其中在德育原则中明确指出，"高等学校德育，要完善科学的工作体系，发挥全体教职员工、各种途径和环节的德育功能，协调一致，形成卓有成效的德育合力"，即所谓的全员德育。也就是说德育工作不仅仅是从事德育工作的干部和教师的事，而是全体教职工所担负的共同任务。只有"建立全方位德育格局，形成全员德育意识"，才能增强德育整体效果，提高德育水平，全面提高高等学校教育质量。

二、"全员参与"德育意识的培养是新形势下高校德育工作的迫切需要

培养"全员参与"的德育意识，实现全员德育，不仅是高等学校德育过程中必须遵循的原则，也是新形势下高校德育工作的迫切需要。

（1）大学生人生价值观的复杂性与可塑性。摆脱了高中升学压力的大学生，社会地位发生了显著的变化，他们开始思考许多问题，并形成了一些自己的看法。但绝大多数学生的看法还很不成熟，也不太系统，并且会受到社会多种因素的影响。

社会形式多样化，利益关系的复杂性，造成大学生价值取向的多样性。"在市场经济条件下，特别是在经济体制转型时期，社会现实生活既丰富多彩，又复杂多变。大学生的观念呈现一种超前、多元、多变、是非选择不定的矛盾状态。"也就是说，随着社会主义市场经济的逐步确立，人们的生活方式、思想观念等等都发生了重大转变，伴随着产生了各式各样的社会现象。其中有积极向上的，也有消极负面的。没有社会生活经验的大学生往往容易从现实社会生活中所接触到的各种各样的社会现象，特别是一些消极的现象中，引出片面的、错误的结论，并以此来指导自己的行为。

随着改革开放的进一步扩大，国际合作与交流日益增强。西方各种文化、社会思潮也

随之而来。对中国传统文化产生了巨大的冲击，人们的思想和价值观发生了不同程度的变化。大学生由于经验少、阅历浅、辨别是非能力较差，在面对纷繁复杂的社会现实和形形色色的文化思潮时，难免会出现价值判断上的模糊化和价值评价上的多元化，缺少统一的道德标准。

信息网络的发展，尤其是手机、互联网等现代信息传播工具在大学生群体中的普及，对大学生的影响也是不容忽视的。一方面，网络给大学生提供了更多的认识社会的机会，有效拓宽了大学生的视野。另一方面，网络信息资源的无限丰富性与快速变更性，使各种思想文化、价值观念交织碰撞。很多消极、腐朽的价值取向也会掺杂其中，如享乐主义、拜金主义、色情、暴力等等。大学生容易受其影响，造成人生观、价值观的错位，迷失方向。

综上所述，由于受社会多种因素的影响，加之大学生自身的特点，使大学生人生观呈现出多样性、复杂性与可塑性。因此，对正处在人生观形成关键时期的大学生进行正确的人生观教育十分重要。

（2）教书与育人的辩证统一性。早在古代，人们对教师这一职业就有了明确的定位，即"师者，所以传道授业解惑也"。这里的"道"，笔者认为可以理解成为今天的思想品德等。所谓传道，即育德。所谓授业，即育智。育德与育智是一个辩证统一的整体。因此，"一个教师应该记住，他不仅是一个教师而且是一个教育者。他的任务不仅是进行教学，而且要进行教育"。只会教书不会育人的教师，不是一个合格的教育工作者。这不仅违背了教书育人的本质要求，更不符合教育发展的规律。

（3）全面实施素质教育，提高高校人才培养质量。《纲要》关于高等教育明确指出，"牢固确立人才培养在高校工作中的中心地位，着力培养信念执着、品德优良、知识丰富、本领过硬的高素质专门人才和拔尖创新人才。"要实现这一目标，必须把"育人为本"作为教育工作的根本要求，把"改革创新"作为教育发展的强大动力，把促进人的全面发展、适应社会需求作为衡量教育质量的标准。因此，必须调动起全体教职员工的积极性、主动性，树立全员德育意识，把德育渗透于教育教学的各个环节，贯穿于学校教育、家庭教育和社会教育的各个方面。

三、培养"全员参与"德育意识的基本要求

培养"全员参与"的德育意识，学校必须把德育放在教育教学的首位。制定和完善有关制度、政策，采取切实措施激发全体教师的积极性与责任感。学校的各项管理工作、服务工作也都要为"育人"服务。

加强师德建设，全面提升教师的育人素质。有好的教师，才有好的教育。要提高教师的育人素质，必须加强高校教师职业理想和职业道德教育。使每位教师都能够真正做到"为人师表"，以教师的人格魅力和学识魅力教育感染学生，做学生健康成长的指导者和引路人。同时，学校要将师德表现作为教师考核、聘任和评价的首要内容。严格教师资质，提

升教师素质。努力造就一支师德高尚、业务精湛、结构合理、充满活力的高素质专业化教师队伍。

创建良好的沟通渠道，充分发挥各科专业优势。学校要按照不同学科特点，促进各类学科与课程同德育的有机结合。教学主管部门和教研人员要深入教学领域与学生实际，有针对性地发挥教学、科研的德育功能。同时，德育内容、德育过程、德育形式都要结合学生的专业学习的特点，有效地实现德育与智育的相互作用、相互渗透。

改变教育理念，扩大学校的教育范围。走出学校、走向社会、创造条件和机会，让学生将学校所学到的知识和社会实践结合起来。比如积极引导学生参与校际文化活动、社会实践活动等，让学生在道德践行中辨别是非、善恶、荣辱、美丑，真正实现学会做人与学会做事的有机统一，从而培养真实的有道德的人。

呼吁社会各界加强对德育的重视。良好的德育环境不仅要靠学校来建设，同时需要社会各界的关注与支持。学校要主动同家长及社会各方面密切合作，让家庭、学校和社区各自承担切实可行的教育任务，使三方面的教育互为补充，形成合力。

第四节　高校跆拳道礼仪教学中的德育培养

近些年来，品德教育培养成为高校教育改革的重要任务之一。礼仪教学是品德培养的重要环节。跆拳道作为体育竞技项目是建立于"礼"这一基础之上，将其作为高校辅助性课程，对于德育的培养有重要作用。文章以此为基础，探究跆拳道与礼仪的关系，分析其对高校德育培养的作用。

受传统观念的影响，大部分人对跆拳道的认知仅停留在"动手不动口"的层面，而忽略了其文化的作用，更忽视其人文教育的意义。笔者认为，跆拳道源于对礼的崇尚，更有其育人之精神追求。也正因为如此，这项运动在中国才得以发展。其精神追求与传承早已超过其防身健体的作用。但在高校课程中，更多的是将其作为一门体育选修课，没有注重其在德育方面的重要价值。因此笔者认为，对于高校跆拳道礼仪的研究有重要的意义。文章基于此，通过对中华礼仪与德育含义的探究，分析进行跆拳道礼仪教学的人文意义。

一、礼仪传承与德育教学

中华五千年文明历史，素来有礼仪之邦的美名。礼仪也历来是文人骚客吟咏的主题。"礼"是大家遵守的社会风俗习惯和道德礼节；"仪"则是指美好的形态与举止。"礼仪"则是一种由典章制度演化而来的社交仪式，是人际交往中美好愿望的表达。在中国的人际交往中，尤其重视礼仪与礼数。它既可以展现一个人修养与内涵，也可促进人们之间的情感交流。

作为体育竞技项目的跆拳道最早起源于朝鲜，秉承着内修外炼的古训。在其训练过程中，要求学习者既要学习其内在精神之道，又要熟练掌握动作要领。通过精神做到修身养性，以形养情，以道引动。而展现其礼仪的形式分为内外两种，分别是内在精神与修养，外在形式与礼节。对于跆拳道的理解，正如其含义一样，"跆拳"攻击迅猛迅速，"道"将技术的方法与气节结合。它对于礼节的重视，与我国的传统礼仪有着相似的精神需求，是跆拳道在我国兴盛的原因之一。

"德育"一词，由西方引进，是指通过教育可以进行礼仪的培养，与我国"教书育人"有着异曲同工之妙。通过理性的教育与培养，形成学生对礼仪的认知即对学生思想品德的培养。

对于当前高校教学而言，教师往往只注重教学目标的完成，忽视了德育的重要性。对于跆拳道的教学更是如此。教师不够重视跆拳道礼仪的培养，只将其视为强身健体的锻炼；有的学校将其作为辅修课，只是为了完成教学任务。对于跆拳道的礼仪教育，只停留在其行礼等表面形式上，而忽视了其礼仪的精神教育；有的学校虽然重视德育环节，也重视跆拳道课程，却将二者在教学过程中分离，没有到达理想化的效果。因此，对于跆拳道礼仪的研究，有利于对高校学生进行德育培养。

二、高校教学中体育德育的现状

在当前高校教学过程中，除上述问题之外，德育存在的问题更加突出。在当前高校体育竞技中，普遍存在着个人主义突出而忽略集体协作的现象。过分追求个人荣誉，忽视了集体利益。此外，利益追求超过了竞赛本身的价值。比赛的头衔与奖金成为竞争的目的，忽视了体育比赛的真谛。在进行体育教学过程中，不少高校存在重智育轻德育的现象。忽略了在体育竞争过程中学生心理健康的培养。以上问题阻碍了高校德育与跆拳道教学的关进一步发展。

三、跆拳道礼仪教学与德育培养

（一）跆拳道的礼仪风尚

礼仪可以看作道德规范社会的高层次表现。通过礼仪传递道德素养，维系社会风气。由此可见，礼仪可以调节人们的行为使其符合社会交往的秩序，同时成为道德的约束修正方式。礼仪是可操控的，可培养的。而跆拳道礼仪，也可以看做是这项运动的道德表现。在此过程中"礼"既是礼数又是规则，既是制度又是礼仪。是"礼仪"的形式与内涵的统一。它是整个跆拳道比赛中不可分割的整体，又是跆拳道精神的内在要求。它是对跆拳道学习者思想与技术的双重要求，更彰显了跆拳道比赛的文明水平。跆拳道比赛不仅是一项竞技类项目，更是一种思想的碰撞。

（二）跆拳道的人文教育

人文素质培养是高校大学生人生发展的坚实基础。以礼仪为基础的跆拳道项目可以作为人文培养的重要课程之一。在高校教学改革中，跆拳道的礼仪培养成为优化教育质量的重要课程。随着高校对跆拳道课程的重视，跆拳道课程得以大量开设，使师生也日益认可这项运动。而在进行跆拳道教学中，随着学习者年龄的增加，学习者对礼仪的忽视程度也就加大，因此有必要加强对高校跆拳道课程的礼仪教育，这也是提升学员人文素养的重要措施。

（三）跆拳道礼仪与高校德育

练习跆拳道崇尚精神礼仪与身体健魄的形成。通过刻苦的训练使得学习者参透其精神内涵，"礼仪"的培养则起到了辅助的作用。跆拳道的基本礼节就是其精神所在。不论比赛进行到几回合，不论参赛者身心多么疲惫，多必须给予对手人格上的尊重，不能缺乏礼仪。成千上万次的向对手施礼更是对学习者意志品质以及耐心的培养。良好的规范都是在点滴积累中形成的。对于繁复的礼节进行训练，更是对学习者自身修养的一种培养。这种"道"的培养，帮助对战双方形成"无我"的意识。比赛的一方不是对手，而是良师益友。抛开利益与名誉的干扰，只进行技艺的切磋。将体育竞技视为自我学习与提升的过程，这是跆拳道礼仪的作用，更是德育追求的目标。

进行跆拳道礼仪教育更是对良好意志品质如坦诚、公正、谦虚等品格的培养，成为跆拳道教学中独具特色的一个环节。对于塑造高校学生的品质有不可忽视的作用，对学习者个人来说受益一生；对其事业甚至社会而言，培养了更多吃苦奋斗、脚踏实地的人才。

跆拳道礼仪教育，更会对大学生的其他方面产生一定影响。首先影响大学生的政治观念。在进行跆拳道学习时，第一课就是进行礼仪教育，如跪姿、站姿手的摆放礼仪，以及与其他学员对抗时，旁观者的仪态，以及向老师发问的礼仪。这些礼仪的教学，会让大学生做到尊师敬友，进而对于社会和国家形成集体荣誉感。其次跆拳道教育影响大学生的价值观。通过跆拳道教学形成良好的竞争环境，可以促进对良性竞争、奋发图强等的认识。另外，跆拳道的练习可作为学生舒缓不满、释放压力的一种有效的方式。就其"礼"的本质而言，同样可帮助学生形成正确的行为方式以及正确的价值观，进而陶冶其情操，以"礼"作为其人生的向导。

第五节　高校德育课教学中大学生的情商培养

高校德育课教学的目标与大学生情商培养的目标是一致的，高校德育课教学对大学生情商培养具有导向作用。大学生情商培养有助于提高高校德育课教学的实效性。在高校德育课教学中加强大学生的情商培养，有利于填补我国高等教育中大学生情商教育不足的

"短板"，提升大学生的情商水平。

我国长期以来，推行德、智、体、美、劳全面发展的教育方针，其中"德"放在首位，体现了德育在全面发展教育中的重要位置。而现阶段大学教育中科学文化教育占主要地位。大学德育不足，导致学生将大多精力投入到专业知识学习上，忽略了德育的重要性。但是学习专业知识也需要大学生在自身的情绪、感情、意志力等情商方面有很好的表现；此外，随着当今社会竞争激烈，生活节奏加快，人际关系复杂，对大学生情商提出了更高的要求。可目前对大学生情商的培养只有选修课课程，没有必修课程。因此在高校德育课教学中加强情商培养，提升大学生的情商水平就显得尤为迫切了。

一、高校德育课教学与大学生情商培养的概念与关系

（一）高校德育及德育课教学概述

高校思想品德教育，简称高校德育。"是对各层次、各科类大学生进行思想品德教育的主渠道，是帮助大学生坚定理想信念，树立正确世界观、人生观和价值观的重要途径，是社会主义高等教育的本质特征。"高校德育课教学注重以大学生的内在需求为基础，与当前的时代精神和德育理论匹配；有目的、有规划、有组织地施加多种教育影响、帮助大学生，使之逐步形成社会主义道德观、人生观和马克思主义的世界观。

（二）情商及情商培养的含义

"情商是情绪智商的简称，又称情感智商或情绪商数。他表示一个人控制自己的情绪、承受外界压力、适应环境的能力。情商的高低反映着情感品质的差异。"1990年，美国耶鲁大学心理学家彼得·萨洛维和新罕布什尔大学的约翰·梅耶首先提出了"情感智慧"，但并没有引起广泛关注。1995年，美国《时代》杂志的专栏作家丹尼尔·戈尔曼出版了《情绪智力》一书，引起极大反响。最新的研究显示，一个人的成功，只有20%归诸智商的高低，80%则取决于情商。丹尼尔·戈尔曼表示："情商是决定人生成功与否的关键。"

情商培养是有目的地帮助和指导情感主体能动地掌握、运用情商知识与技术技巧，并在实践中逐步内化为稳定的情感情绪管理能力的活动，是情商的外育与内化相统一的过程。

（三）高校德育课教学与大学生情商培养的关系

大学生情商培养的提出，对高校德育产生了积极深远的影响。德育与情商培养均作用于大学生的非智力因素层面，只是分别作用于大学生的非智力层面的不同方面，因而形成了相互补充、相互促进的关系。

（1）高校德育课教学的目标与大学生情商培养的目标是一致的。高校德育课教学的目标是将大学生培养成具有较高道德认识水平和道德实践能力、良好的道德品质的社会主义现代化事业的合格建设者和可靠接班人。大学生情商培养的目的是培养出能适应并积极参与激烈竞争和受社会欢迎的具有持久稳定情绪、百折不挠毅力、执着追求品质、良好人际

关系的优秀人才。因此，高校德育课教学的目标与大学生情商培养的目标在提高大学生素质的方向上一致。

（2）高校德育课教学对大学生情商培养具有导向作用。高校德育课教学主要包括对大学生的思想教育、品德教育和政治教育。这三种教育内容均指向大学生的情感世界。高校德育课教学正是对大学生情感世界的基本内容的培养。我国教育强调对人德、智、体、美、劳五个方面的内容，德育居于首要位置，是因为德育对于人来说是最基本的内容。一个人的情商无论如何高，假如没有品德的引导、指向，那么情感教育就会偏离方向，甚至归于失败。无论历史上还是现实生活中，高情商的人犯罪对于他人的危害和社会的破坏作用更大，所以德育课教学对大学生的情商培养而言，具有重要的引导作用。

（3）大学生情商培养有助于提高高校德育课教学的实效性。长期以来，我国高校德育课教学重视德育内容、道理的灌输，而忽视了大学生的主体性，忽视了大学生的情绪、情感、自我认识和自我调节对于其道德品质形成的重要性。强调大学生对社会的责任，对大学生自己的责任则强调得不够。注重大学生对道德的遵守服从，对大学生主观能动性、创造性的培养还不够注重。这种德育教学模式培养出了只会应付考试的大学生，而对其心理活动、情感抒发，如何正确认识自己和他人，如何处理同周围人的关系，如何学会正确生活效果较差。因为大学生涉世浅、经济尚未独立，对社会现实还缺乏直接而深刻的认识和体验，表现在他们身上更多的是学习、择业、恋爱、交友、生活等方面的许多情感困扰。这些因素影响着大学生的思想和行为，使大学生对道德认识的形成、道德情感的培养、道德行为的训练和巩固受到制约。所以，重视大学生的情商培养，不仅丰富了高校德育课教学的内容，而且有助于提高高校德育课教学的针对性和实效性，也顺应了大学生身心健康发展的内在要求。

二、大学生的情商现状及原因

（一）大学生情商的现状

目前大学教育仍表现出重智商、轻情商的弊端，对大学生情商培养有待加强。大学生表现出许多与情商有关的问题。

（1）团结协作能力较差，缺乏团队合作精神。当前的大学生多为独生子女，他们集体意识不强。崇尚个性发展，较为自我，缺乏合作意识、全局意识。在团队中不善于同他人合作，协调各方面关系的能力较差。在学生生活工作中，缺乏互助精神，而更多的是从个人角度考虑问题。

（2）心理素质较差，缺乏抗挫折能力。大学生处于青年时期，心理发展正逐渐走向成熟但未完全成熟。他们心理起伏较大、易冲动、自我控制能力较差、做事考虑不够周到。遇到困难、挫折就怨天尤人、满腹牢骚、悲观失望，更有甚者采取极端行为。

（3）人际交往能力较差，缺乏社会适应能力。不少大学生在与他人交往时，自觉或不自觉地就以自我为中心，过多注重自己的需求，而往往对他人产生不理解和偏见。还有不少大学生对人际关系想得较为理想化，对一些复杂的人际关系缺乏足够的心理准备。在不能赢得别人好感的时候，不愿主动地和别人改善关系。

（4）自制能力较差，缺乏自我调控能力。大学生往往具有强烈的自尊心和自我表现欲望，希望能得到他人的理解和认同。有较强的自主自立意识，但因为从小就在父母细致入微的照顾和呵护中度过，因此，对独立处理事情还不够适应。遇事不能合理控制和调整自己的情绪，自制能力较差。

（二）从德育课教学的角度分析大学生情商现状的原因

第一，理论研究与实践教学的结合不紧密。目前大学生情商培养的价值和作用已受到高校教育界的重视。在高校德育学科的情商培养方面，理论界也进行了有益的探索。但在高校德育课的实际教学中，教师具体有效地实施情商培养的较少，或虽然有实施的，但带有较大的随意性。缺乏具有广泛可操作性的方法指导，对大学生情商培养的目标体系缺乏统一的认识甚至比较困惑，往往达不到理性的教学效果。

第二，课堂教学中情商培养的应用不合理。对于大学生的情商培养，有人认为应该专门设置情商培养的课程，这种想法是可行的。但笔者认为，充分地挖掘现有德育课教学的资源，在德育课教学中注重大学生的情商培养，不仅不会加大学生的课业负担和占用更多的教育资源，还能有针对性地拓展高校德育课教学的内容，使德育课教学更有吸引力和实效性。随着素质教育的推进，目前高校德育课越来越重视大学生的情商培养和情绪情感状态。但大部分一线教师仍主要将情商这种非智力因素当做工具利用，通过情商培养来促进大学生认知水平的提高，更多地关注情商培养对成绩的提高，而忽略了情商培养对促进大学生个性发展的作用。教学观念上较为功利主义的思想仍占据主导地位，教学中情商培养的应用不尽合理。

三、高校德育课教学中大学生情商培养的必要性

随着知识经济的迅速发展，我国越来越重视人才培养的质量，重视提高人的综合素质。只有培养大批能够适应激烈的社会竞争，具有宽广的胸襟、丰富的知识、聪慧的智力、进取的精神、高尚的道德、健全的人格的高素质人才，社会的进步才有保证。而作为高校德育课教学来讲，培养高情商、高素质的大学生就成了一项艰巨而迫切的任务。高校德育课教学中大学生情商培养的必要性主要体现在如下三个方面：

第一，促进大学生成长成才的需要。当前我国大学生多是独生子女，因为家庭条件的改善，他们的身体素质较好、眼界开阔、知识丰富。但也存在焦躁不定、克制性差、自我中心、承受能力弱等心理障碍，严重影响了其身心健康、品德培养和智力情商的提高。遇到人际交往不顺或困难甚至采取自杀或杀人等极端行为。因此，有必要针对大学生成长成才过程中经常出现的问题，在德育课教学过程中进行教育和引导，努力提高大学生的情商

水平，促进大学生成长成才。

第二，促进大学生素质教育的需要。关于素质的含义，现代汉语词典中的解释有三种：一是事物本来的性质；二是指素养；三在心理学上指人的神经系统和感觉器官上的先天的特点。中共中央、国务院《关于深化教育改革全面推进素质教育的决定》对实施素质教育的解释是："实施素质教育，就是全面贯彻党的教育方针，以提高国民素质为根本宗旨，以培养学生的创新精神和实践能力为重点，造就'有理想、有道德、有文化、有纪律'的、德智体美等全面发展的社会主义事业建设者和接班人。"推进大学生素质教育，要求高校在进行德育课教学的时候，深化大学生情绪智力内容的教育。良好的情商水平，也有助于大学生身心素质、品德素质、文化素质和劳动素质等协调发展。这些正是推进大学生素质教育的重要内容。因此，在高校德育课教学中进行大学生情商的培养，能优化和提升大学生的基本素质，也为推进大学生素质教育提供了更为广阔而有效的途径。

第三，促进高等教育改革的需要。目前的高等教育仍主要是强调认知目标的训练。这种教育在强化知识的同时，未能有效发掘学生的情商潜能和加强大学生情商品质的培养；另外，由于教师对教育过程中认知过程与情感过程的关系以及把握这一关系的必要性和方法，没有较为清晰的认识。经过此种教育，很多学生知识面虽较宽，但实际分析问题和解决问题的能力不强，难以较快适应未来社会的客观需求。因此，促进高等教育改革的一个重要方面，就是要加强大学生情商的培养，使学生有控制自己情绪的能力，适应环境的性格，奋发向上的精神，敬业创新的情操，从而不断提升大学生的潜能和本领。

第六节　高校德育视阈下的大学生亲社会行为培养

亲社会行为（prosocial behavior）是个体在社会化过程中所表现出来的有益于他人和社会的行为，是个体社会化发展的一个重要指标。大学生亲社会行为的产生是高校德育目标的最终体现。注重大学生亲社会行为的形成与发展，探究行为产生的主观动机和客观原因，为高校德育工作提供具体实施方法，将有助于提升大学生的道德认知水平，促进其思想道德品质的提高。

一、亲社会行为的界定

西方对亲社会行为的系统研究始于 20 世纪 70 年代。不同的理论流派对亲社会行为的定义各不相同，总体分析，主要是从行为后果、行为动机、行为方向和利益总量等角度出发对其进行界定。

（一）从行为后果的角度界定

许多学者对亲社会行为的界定没有考察行为者的动机，只关注行为产生的后果。如最早提出"亲社会"这个词的美国学者威斯伯（L·G·Wispe）所言，亲社会行为用以特指与破坏、攻击等反社会行为相对立的行为。拉什顿等人认为亲社会行为就是对其他人有益的行为。因此，从行为后果的角度界定亲社会行为，其包含的行为范围较大，对行为主体道德品质的层次没有严格要求。只要行为后果对他人和社会是有益而无害的，那么这样的行为就是亲社会行为。单从行为后果来界定亲社会行为存在一定局限性，那就是忽视了行为动机的复杂性，难以区分行为主体道德水平的高低。

（二）从行为动机和行为后果相结合的角度界定

戴维·罗森翰认为，应当综合考虑行为动机和行为后果两方面，把亲社会行为区分为两类：一类是自发性亲社会行为，即行为是由对别人的关心所驱动，动机是关心他人，是"自律性利他"；另一类是常规性的亲社会行为，即期望获得个人利益或避免惩罚而做出的行为，是"他律性利他"。我国学者李幼穗指出，亲社会行为是指人们在社会交往中所表现出来的谦让、帮助、合作和共享等有利于别人和社会的行为，它是指包括利他行为和助人行为在内的一切对社会有积极作用的行为。具体来讲：

1. 利他行为：自发性亲社会行为

所谓利他行为，即不期待外来酬赏，自发自愿给他人带来利益的行为。如在紧急或非紧急情景中的为残疾人服务、舍己救人、与歹徒搏斗、自我牺牲等。利他行为是无私地关心他人的行为，是一种高级的亲社会行为。由于利他行为是在不期望得到任何内部或外部奖励的条件下牺牲个人利益做出的行为，也可以认为是一种非常理想的模式。

2. 助人行为：常规性亲社会行为

所谓助人行为，即虽以利他为目的，但却包含了不同动机的行为。如回报他人曾经给予的帮助、补偿他人曾遭受的损失、避免惩罚等。

这种将行为动机和行为后果结合起来对亲社会行为的界定方式，虽然更利于考察个体道德水平的发展状况，但在实践中往往难以做到准确衡量。

（三）从行为方向和利益总量的角度界定

柯莱波斯等人从行为方向和行为包含的利益总量上进行界定，提出亲社会行为是一个行为的连续体。一端是最大限度增加自我利益的行为朝向，另一端是最大限度增加他人利益的行为朝向。理想的亲社会行为在连续体上是一种最大限度地增加他人利益的行为。这一定义在较大范围内多元、动态、量化地对亲社会行为进行了界定。避免了罗森翰界定的绝对化，克服了简单的二元划分法。亲社会行为并不代表一定是完全牺牲自身利益的行为，它往往同时包含着利己和利他两种成分，这两种成分是发展可变的。

二、亲社会行为的特点

关于亲社会行为，不同的角度有不同的理解。总结起来，亲社会行为主要具有以下特点：

（一）结果利他性

无论是否考察亲社会行为的动机，也不管行为目的是利他还是利己，不可否认的是，亲社会行为中一定会包含利他的成分，行为的方向性会指向增加他人利益，行为的结果或多或少会有利于他人和社会。

（二）动机复杂性

产生亲社会行为的动机是复杂多样的。既可能是由对别人的同情和关心所驱动，也可能是期望以助人、分享或安慰得到对自己有益的积极后果。如获取回报、获得夸奖、回报好意、回避批评和惩罚等。还可能是以上两种情况都包含在内的多重动机，各种动机难以截然分开。

（三）非强制性

发展心理学认为，一个人不应该伤害别人，但是一个人并没有义务对别人采取亲和友善的态度。也就是说，亲社会行为虽然得到社会的鼓励和认可，但并不是强制性的，它属于非义务性行为，所以社会通常会对这类行为进行表扬和褒奖。亲社会行为是具有优良道德品质的个体的行为，从道德水准的层次上看应归属高位，并不强制每个人都达到这种社会要求。

（四）自发性

由于亲社会行为具有非强制性，那么个体要做出这类行为就完全来自自己的主观判断和自主选择；是自我权衡利益得失后而主动做出的道德行为，具有自发性和自律性。依据社会道德原则、道德规范，个体"应当"帮助那些需要我们帮助的人。并将此规范自觉内化，在一定情境下由于道德良知的驱使，进行道德判断，做出对他人有益的亲社会行为。

三、高校德育应注重大学生亲社会行为的培养

对于个体而言，亲社会行为在不同的年龄阶段呈现出不同的特点，行为的培养策略和意义都会有所不同。针对大学生群体，亲社会行为的培养主要基于以下原因：

（一）教育对象成长阶段的特殊性要求

一方面，大学是迈入社会的跳板，是大学生面对社会、适应社会的准备阶段。对于社会的纷繁复杂，大学生应当使自己的行为与社会的进步协调一致。积极培养学生的亲社会行为，学会互助、合作、分享、克制、谦让，使行动决策符合道德标准和社会规范。可以保持与社会良好的接触，积极融入社会，使大学生的人格特征与周围的环境达到和谐平衡，提高社会适应能力。另一方面，大学生是正在接受高等教育的特殊群体，在道德实践中应当对自己有更高的要求，有责任和义务对他人和社会表现出积极的利他行为。培养大学生亲社会行为，增强行动时的自觉性和果断性，提高思想道德品质，符合社会对大学生群体的特殊性要求。

（二）教育内容外化的具体体现

遵循思想道德教育的规律，教育内容和要求最终要外化为具体的行为习惯。传统的高校德育往往停留在使教育内容内化的第一阶段。教育者重视课堂教学而轻视行为训练，从外部向个体内部"输入"知识，学生被动接受与遵从。正确的思想和理论停留于表浅的意识层面，缺乏深入理解。学生没有具体的行为体现，缺乏真情实感。这样导致教育内容无法转化为自己坚守的价值理念，影响教育内容的领悟和吸收。通过亲社会行为实践，大学生社会行为的利他性增强，自身也可以得到社会的鼓励和赞扬。外部的强化作用又进一步深化了受教育者对教育内容的认识，有助于形成稳定、正确的人生观、价值观，提高个人的思想道德品质。

（三）教育目的的本质要求

言行一致、知行统一是思想道德教育的本质要求。课堂教学只能考察学生的道德认知水平，通常是在假设性的道德情境中让学生做出一定的道德推理和道德判断。在现实生活中，学生是否能真正践行自己在课堂上的理论认知，我们往往无从考察。长此以往，学生可能会形成言行不一、知行脱节的不良习惯。当面临他人和社会真正需要帮助的关键时刻，个体反而寻求一些借口和理由进行逃避，不利于优秀道德品质的形成和发展。亲社会行为的训练和培养，让大学生将自己的"知"表现为"行"，督促他们进行良性的言行转化。在日常的行为实践中，道德情感得到强化，使道德认知逐渐顺利转化为道德行为。并培养成稳定的行为习惯，使道德教育的最终目的得到完整实现。

四、培养大学生亲社会行为的具体策略

关于亲社会行为的培养，不同的教育对象应采取不同的方法。对于大学生而言，应当着重从提高道德认知水平、增强道德思维能力等方面考虑，提出相应策略。

（一）以良知为导向，强调道德决策

根据社会认知学派的观点，个体的认知发展是亲社会行为发展的直接动力。不同年龄阶段的认知能力由不同性质的思维模式构成。认知能力越强，亲社会行为的表现形式越多样。大学生随着年龄的增长，道德思维水平逐渐提高，应当培养观点采择能力和道德判断能力，掌握比较完整的社会认知技能。

首先，应培养大学生亲社会行为的社会取向。大学生作为成年人，道德思维水平的发展日趋成熟，应该形成高尚、稳定的价值观，如仁爱观念、社会公益观念等。在学会与同伴同学合作、协助、分享的同时，把亲社会行为的对象更多地拓宽到全社会和特殊群体。其次，应当引导大学生学习观察他人的需要，这是亲社会行为发生的一个必要条件。要对他人的需要具有一定的敏感性和判断能力，特别要关注人们对社会公平、正义的诉求。最后，要提高道德决策能力。在亲社会情境中，人们总会面临个人利益与他人利益、自我需要与他人需要二者之间的矛盾选择。如选择帮助他人就同时意味着自己要付出一定的代价，这对个人的欲求是一种克制和压抑。当自我需要与他人需要相冲突的情境出现时，必须迅速进行社会信息加工，权衡、评价个人付出的代价和期望获得的利益。在道德推理和判断的基础上，做出行为决策。成年人的行为动机复杂多样，要鼓励大学生将自己内化的责任、义务和信念作为亲社会行为的依据，做出真正意义上的利他行为的道德决策，最大限度增加他人的利益。

（二）以情感为依托，加强移情能力

美国心理学家霍夫曼指出，移情是一种情感反应，是对他人感受、思想、意图的觉知，是个体把自己置身于他人情境，体察他人不同情绪状态的能力。移情能力是引发亲社会行为的重要促动因素，二者呈正相关。艾森伯格认为，同情别人的能力大大推动了亲社会道德判断的发展，也促使个体发展无私地关注那些需要帮助的任何人的幸福的倾向。

训练大学生的移情能力，首先要逐渐学会觉知和重视不同于自己的客体的存在状况。教育者通过组织大学生进行社会热点问题讨论、参与社会实践活动、社会调查等形式了解未知的人群和领域。冲破自我关注的狭隘禁锢，把自我的概念扩展到他人身上去，以客观的视角关注他人和社会。了解不同人群的独特思维和行为活动，在他人一言一行、一举一动的细微变化中看到其中的意义。其次，教育者可以让学生进行角色扮演、生活体验，使其换位思考，采择他人的观点，与他人保持一致。要对不同个体表现出的独特性表示理解和支持，理解他人需求的合理性，宽容谅解，减少排他性。使学生学会站在他人的角度看问题、思考问题。在不同场合都能接受别人不同的观点和看法，与别人建立情感共鸣。通过移情式唤醒，道德情感得到充分的激发，强烈的道德情感会使人深刻体会到不公平的现象、不负责任的行为给受害者带来的痛苦。产生同情和怜爱、道德良心的拷问使自我高度自律，使整个身心都发动起来投入到实际的亲社会行动中。

（三）以自我为基础，激励内部评价

一个人为帮助他人而做出牺牲的意愿还取决于他对自己亲社会性的评价。研究发现，与那些不认为自己非常善良、富有同情心、喜欢助人的人相比，把亲社会倾向看作自我概念的一个重要组成部分的青少年和成人确实有更强的亲社会倾向。也就是说，亲社会行为受个体个性特征的影响。如果个体把自己看做是慷慨大方、乐于付出的高尚的人，就能促进他的利他行为和助人行为的发展。

自我概念是人们通过对自己的外在特征以及他人对其反应的感知与体验而形成的对自我的认识与评价。所以，自我概念和自我评价离不开他人的评价。在日常生活学习中，教育者适时告知学生，他们是"乐于助人""待人友善""富有爱心"的。让他们把这些性格特质整合到自我概念中去，激励学生的自我内部评价。当他们把自己看作利他主义者，在别人需要帮助的时候就会严格自律、自我约束，努力维护这种亲社会的自我形象。对他人主动提供帮助，把自我概念转化为具体行动。而这些亲社会行为又会进一步强化行动者对

自我的积极评价，使自我概念更倾于稳固。

（四）以强化为手段，配合外部刺激

亲社会行为除了受个体内部因素的影响外，还受到外在情境因素的影响。如家庭、同伴关系、社会文化传统、社会性期待与赞许、榜样作用以及大众传播媒介等。为了增强亲社会行为的反应概率，教育者可以配合外部刺激的强化手段。这里的强化，主要是指积极强化，包括外界的口头赞扬与行为示范。

首先，口头赞扬强调精神鼓励，并非物质报偿。因为物质报偿不会将动机指向他人的需要，不利于亲社会行为的培养。口头强化能促进亲社会行为，但应注意的是：第一，表扬的人应该是亲切、善良、受尊重的。这样学生更愿意做出受他们认可的行为，更利于利他行为的产生。第二，表扬者本人应当首先遵守值得赞扬的道德原则，表扬才有说服力。另外，学校应完善客观公正的亲社会行为评价体系，积极褒奖乐于奉献、舍己为人等助人行为，营造良性的社会舆论环境。

其次，教育者要重视社会道德模范的行为示范作用。道德模范具有形象、生动等特点，它将抽象的道德准则、道德规范通过榜样的行为示范具体化为易于理解、对照和效法的行为。典范人物的优秀品质和高尚人格能给大学生带来潜移默化的影响。教育者要注意：树立的道德模范应当是贴近大学生的同辈、同龄人，如徐本禹、洪战辉等，或是身边的典范。使之缩短时空距离，产生情感共鸣，更具行为参照性。同时，教育者要提升模范学习的理性认识，在课堂教学中，通过讨论，对道德模范的具体行为表现进行分析和抽象，找出先进事迹中所内含的精神内容、道德观念、价值取向、心理品质、行为取向等。确认榜样行为中所内含的精神内容的正确性和崇高性。在理解和记忆的基础上，鼓励大学生内化为自己的价值标准和行为准则，增强学生的利他动机。

第七节　高效生态德育与大学生生态责任感的培养

对大学生进行生态道德教育是高校德育的应有之义。大学生的生态责任意识如何，直接影响着生态文明的建设和美丽中国的实现。本节从厘定相关概念入手，论述了加强大学生生态责任感教育的现实期盼和实现途径。

党的十八大指出，树立尊重自然、顺应自然、保护自然的生态文明理念，把生态建设放在更加突出的位置。大学生是祖国的未来和希望，是实现中国梦的中坚力量。高校应结合大学生自身的身心特点，让他们接受良好的生态道德教育，这是高校德育的应有之义。通过高效生态德育，丰富大学生生态知识，提高生态文明意识和素养。将良好的生态理念外化为生态文明行为，并养成习惯，形成对生态环境的责任意识，这将有利于建设美丽中国，实现中华民族的永续发展。

一、高效生态德育与生态责任等相关概念厘定

人具有自然和社会两种属性。作为一个社会的人,应当承担一定的责任。责任,就是一个人分内应该做的事情。社会责任是指个人对国家、民族、人类的繁荣与进步,对他人和家庭的生存与发展应承担的职责和使命。作为一个社会的人,理应承担国家和社会所赋予我们的责任,并履行相应的义务。义务履行的程度与人的社会责任感有密切关系。亚里士多德指出,人们的善恶行为,是由意志借助理性选择的结果,任何人都应对自己的行为负责。

大学生社会责任感是指大学生对其责任对象的自觉意识,也是大学生在承担社会责任中,对于自我作为是否符合内心需要而产生的一种情感体验。大学生社会责任感包括对自己、家庭、他人、国家乃至生态环境及全人类可持续发展的责任。笔者认为,大学生生态责任就是指大学生对人类生存的环境及社会可持续性发展所应承担的责任和履行的义务。责任是道德的基础,道德教育就是道德责任教育。大学生在大学期间正是良好的世界观、人生观、价值观、生态观形成的重要时期。因此,对其进行及时的责任教育意义重大。

大学生生态责任意识的形成,离不开高效生态德育。首先,要厘清生态道德的内涵。生态道德是指人类为了自身和其他生命的生存和发展,通过保护生态环境,调整人与自然之间的关系,实现生态可持续性发展,从而建立的人与自然之间的道德规范和行为标准。此概念的提出表明,作为地球上的人类,应该关注自然,尊重自然,承担对大自然自身发展的责任。所谓生态德育是指教育工作者从人与自然和谐相处、互惠共生的生态道德观出发,通过一定的教育方式,引导受教育者为了人类的长远利益和可持续发展,尊重自然、热爱自然、保护自然的一种教育实践活动。通过高效生态德育教育,使大学生了解生态知识,提高生态文明素养,养成低碳环保生活方式,爱护公共环境,自觉培养生态责任意识。

二、加强大学生生态责任感培养的现实期盼

(一)生态环境的不断恶化

受"人类中心主义"的影响,人类为了自身的利益和发展,征服大自然的欲望不断膨胀,开始大肆掠夺大自然。尤其是随着科学技术的不断发展,人类在生产实践中,违背自然规律,对大自然的不合理的开发和利用,过度砍伐树木,排放有毒气体造成工业污染,过渡的消费等,这种不理性的发展模式和消费方式导致生态环境遭到严重破坏,给人类自身带来了灾难性的危害:空气污染指数上升、淡水资源缺乏、臭氧层变薄、温室效应明显……面对日益恶化的生态环境,人类开始深刻的自我反思:我们该怎么办?人类开始逐渐意识到加强生态文明建设的重要性。推进生态文明建设,首先应唤起人们尤其是大学生的生态意识。当代大学生是祖国的未来、民族的希望。其生态责任感的强弱不仅关系个人理想的实现,也关系祖国伟大复兴和可持续发展目标的实现。因此,需要提高大学生生态道德责

任意识，对他们进行生态德育。

（二）大学生生态责任意识的淡化

1. 大学生生态知识的匮乏

大学生生态责任感的形成，是以丰富的生态知识做基础的。大学生对生态文明知识的认知程度并不高，只懂得一些较浅的生态知识，对于先进的生态文明理念和生态专业术语知之甚少。多数同学竟然不知道"世界水日""世界环境日"分别是 3 月 22 日和 6 月 5 日，知道"绿色消费方式"就是一种适度节制的消费的大学生也是少数。相当多的大学生对什么是生物的多样性并不清楚，更别说如何保护生物的多样性了。什么是非生命的自然？自然资源分为哪些种类？大学生对生态知识知之甚少。

2. 大学生生态责任意识淡化

尽管他们拥有一定的生态责任意识，但他们幼稚地认为，靠自己微薄的力量来进行生态建设是微不足道的。或者对它们的认识仅仅停留在口头上，没有把责任意识体现在自己的行动中。形成对生态的漠视，淡化了个体对自然和其他生物所要承担的责任。再者，当代大学生作为独生子女，父母尽量会满足他们的消费需求。大学期间，他们毫无节制的消费现象屡见不鲜。如他们去大餐时喜欢吃一些野生动物，穿比较昂贵的动物皮毛做的衣服，使用高级化妆品，过生日买精美的礼物等。更有甚者，捕猎野生动物、虐待动物、"硫酸泼熊事件""虐猫事件""大学生投毒事件"。众所周知，任何生物都和人类一样，拥有平等的生存和发展的权利。这种无视动物生命的事件令人扼腕。部分大学生在对资源的责任感也比较淡化。我国是淡水资源严重缺乏的国家，可部分大学生在洗衣刷牙时，任由水哗哗直流；洗手间的水龙头坏了，不管不问；离开教室，做不到随手关灯。大学生对资源的浪费熟视无睹。作为新时代的大学生，有责任和义务爱护身边的环境，但在这方面的责任感也不尽如人意。如，目前很多大学生喜欢过高、大、上的生活，喜欢使用精美包装的物品。这不仅给自己造成经济上的负担，也污染了身边的环境；在公共场所无视别人的存在，制造噪声污染。大学生漠视自己的生态责任感，甚至做着与保护环境背道而驰的事情。因此，提高大学生生态责任意识是一项艰巨的任务。

（三）大学生全面发展的需要

高校德育是为了提高大学生的思想道德素质，把他们培养成德智体全面发展的高级人才。传统的高校德育，从大的方面，是培养大学生热爱祖国的大好河山、灿烂文化、骨肉同胞的强烈爱国主义精神。小的方面是教育他们热爱集体，爱护公共财物等。忽略了教育他们如何正确处理人与自然的关系，忽略了生态文明教育。当前的生态环境恶化，与人类缺乏生态道德不无关系。而缺少生态道德意识的大学生也一定不是全面发展的大学生。生态道德意识反映是人与自然之间道德要求，这就意味着人应该对大自然负有一定的道德责任，体现了道德的发展与进步。良好的道德意识是衡量大学生全面发展的重要标志之一。因此，将生态德育引入高校德育之中。通过高效生态德育，丰富大学生生态环境保护知识，培养生态道德意识，提升生态文明素养。使他们在良好的生态文明理念的引导下处理好人与人、人与社会、人与自然的关系。教育大学生关爱大自然，敬畏生命，实现人与自然的和谐共生、和平相处，担当起保护环境的历史使命。高效生态德育在促进大学生自身全面发展的同时，也为实现中华民族的伟大复兴和永续发展的中国梦而贡献自己的力量。

三、加强高效生态德育，培养大学生生态责任感

高效生态德育，是培养大学生生态责任感、建设美丽和谐校园、实现可持续发展、构建和谐社会的教育。高效生态德育应做到以下几个方面：

（一）开展课堂生态德育，培养大学生生态责任意识

首先，在大学生课程设置中，作为公共必修课或选修课，开设生态环境课程，如环境伦理学、环境法学、环境管理等人文学科课程，进一步提高大学生的人文关怀；其次，在专业课程中渗透生态德育。各专业课程中蕴含着丰富的生态德育知识资源，教师要善于深入钻研教材，挖掘教材中的生态道德意蕴。结合学科特点，找准专业知识和生态知识的结合点，把生态德育内容渗透到专业教学中去，潜移默化地提高大学生的生态环保意识；最后，充分利用高校思政课程。如在讲爱国主义一章时，除了激发大学生要热爱骨肉同胞，热爱祖国的灿烂文化，还应热爱祖国的大好江山。但由于人类对大自然的过渡掠夺，我们的生态环境已经遭到破坏，从而增强大学生生态保护的责任意识。在《毛泽东思想和中国特色社会主义理论体系概论》课程教学中，要求大学生深入理解我国要建设资源节约型、环境友好型社会的目标，在科学发展观指导下，实施可持续发展战略。从而引导大学生如何处理好人与自然的关系。其他思政课，也可以让大学生学到不少生态道德知识。

同时，在课堂上教师利用身边现实的案例，教育大学生要对大自然怀有感恩之心。培养大学生热爱自然、尊重自然、敬畏自然的道德情感，形成一种与自然亲近、相容、依赖的价值偏好。不仅如此，人还应该回馈自然、服务自然，使人类与大自然建立一种互惠互利平等友好的关系。通过课堂理论知识学习，有利于大学生生态责任感的养成。

（二）优化校园环境，营造生态责任感培育氛围

校园生态文化环境包括物质文化和精神文化两个方面。物质文化是对大学生进行生态教育的物质载体，如校园布局、场馆建设、校园绿化、各种建筑、学生宿舍等。精神文化是一所大学的大学理念和精神，全校师生表现出来的精神面貌和价值取向等无形的东西。优化高效生态文化环境包括：

1. 优化校园物质环境

校园物质文化环境是高校进行生态德育教育，提高大学生生态文明素养，培养大学生生态责任感的重要载体。这种物质环境是教育理念的物化，蕴含着一所大学的精神理念，要努力为大学生创造优美良好的物质环境。精心设计、合理布局教学楼、活动广场、宿舍楼、图书馆、学生餐厅、大礼堂等，做好节约资源管理如水资源管理、垃圾分类处理等。既要

体现艺术性，又要具有生态道德教育的意义，使大学生从中受到教化感染。优美、富有大学文化精神底蕴的校园环境对培养大学生的生态责任感有"润物细无声"的效果。

2. 优化校园文化环境

校园精神文化是高校的灵魂，是对大学生进行生态德育的重要载体。一个好的校园精神文化环境，能培养大学生积极乐观的人生态度，使思想境界得到提升。优化校园文化环境可以从以下几方面做到：一是开展丰富多彩的生态文化活动。如创建生态道德的先进班集体、先进宿舍、先进个人的评选活动；二是开展生态保护的演讲比赛、主题征文活动、知识竞赛等，通过寓教于乐的校园活动来吸引和感染大学生。充分调动他们参与的积极性和创造性，使他们潜移默化地受到熏陶和感染。使他们丰富生态知识，提高生态道德意识和生态文明素质；三是高校可以聘请一些校内外专家、环境友好使者，通过开展一系列不同生态主体的讲座，来提高大学生的生态知识水平和认知层次。加深对此领域的认识和理解，从而强化自身的生态道德意识和素质。

在校园物质文化和精神文化氛围的影响和熏陶下，树立和倡导绿色文明意识，积极参加校园爱绿行动等，提高大学生的生态责任感。

（三）重视第二课堂，延伸生态责任感培育空间

首先组建生态环保社团，以社团为核心，组织开展一些环境保护、生态公益志愿服务等活动，积极倡导大学生踊跃参加，使他们在活动中体会生态德育的意义和价值。培养他们良好的生态道德意识，身体力行地践行生态文明行为。我国某些高校环保社团活动开展得非常活跃，如江西农大的"绿源协会"赴九江三县开展"人水和谐"暑期社会实践活动、安徽大学生"绿色营淮河行动"；其次，利用校园网站、电视台、广播站等平台，通过开设"生态文明""校园的绿色使者"等专栏，聘请专家学者和大学生进行互动交流，共同探讨生态文明知识和先进的生态文明理念。一方面加强了生态道德教育的宣传力度，同时也加深了大学生对生态道德的理解；第三，参与校外生态环保实践。大学生在掌握生态环保知识的同时，还应该利用寒暑假开展生态主体生态体验实践。如在"世界地球日"，组织大学生深入到农村、乡镇、社区宣讲生态环保知识，在实践中争当生态体验的排头兵。大学生还可以申报生态环境保护方面的课题，带着课题任务进行某地区的环境情况调查。

通过生态环保实践，让大学生在实践中体会到环境保护的重要性，使他们增长生态知识，增强环保意识，培养热爱大自然的情感，并自觉养成低碳环保生活行为习惯。如出行时尽量不坐专车、不打的，而是用步行或公交车代替；平时就餐时尽量少用木质的一次性筷子；出去购物尽量少用塑料袋；在大学里，节约校内水电资源；不过分追求时尚，不穿动物毛皮衣服；养成良好的卫生习惯，不随意乱扔果皮、烟头等。培养大学生良好的生态行为习惯，有利于提高大学生的生态责任感。

第六章 现代高校德育教育的实践应用研究

第一节 微课在高校德育教育中的应用

习近平总书记指出"高校立身之本在于立德树人。"德育是高等教育的灵魂，影响着大学生的成长与发展。现代信息技术的飞速发展对高校德育工作提出了新的挑战。要确立与之相适应的德育理念，有目的地制作主题鲜明的德育微课。利用网络优势，把德育与教学整合。本节将主要探索让微课作为高校德育教育的一个有效补充，发挥信息技术的载体作用，使高校德育教育更有时效性，从而实现培养人才的目标。

中国互联网信息中心于 2017 年 8 月 4 日发布的《第 40 次中国互联网络发展状况统计报告》显示，"截至 2017 年 6 月，我国网民规模达 7.51 亿，半年共计新增网民 1992 万人，互联网普及率为 54.3%；手机网民规模达 7.24 亿。学生群体占比最高，为 24.8%"。互联网给人类社会带来了翻天覆地的变化，改变了我们的生活、工作及学习方式。随着云时代的来临，网络技术的广泛运用，其背后所蕴藏的海量数据信息也逐渐走进人们的视野中。大数据时代应运而生，对大学生德育工作带来了新的机遇和挑战。针对这一情况，结合当下信息技术的发展，在新生入学教育、公德系列教育、性格素养的培养、情感婚恋教育、励志教育、形象设计、常识培训、政治理论、职业前景教育等方面进行德育微课开发，既可以提供给学生管理工作人员用于召开主题班会或专题讲座，也可以提供给学生个体针对自身情况通过多媒体技术灵活选学。

一、微课的含义

微课（Microlecture），是指运用信息技术按照认知规律，呈现碎片化学习内容、过程及扩展素材的结构化数字资源（百度百科）。"微课"的核心内容是课堂教学视频。围绕某个知识点（重点难点疑点）或教学环节而做的教学设计、素材课件、教学反思、练习测试及学生反馈、教师点评等教与学活动全过程。

二、德育微课的特点优势

德育主题微课基于"微课"的形式进行设计，在制作和应用上又不同于专业学科，因此特点和优势更明显。

第一，德育主题微课以音视频为主要载体，具有易操作、易传播的特点。在数字化时代的今天，大学生已基本全部拥有智能手机，所处的学习环境已实现网络全覆盖。将德育知识进行碎片化、情境化、可视听化处理，通过视频、网络等数字化载体，大学生既可以随时在线观看，也可以在数字化教室集体学习，十分便捷。

第二，德育微课时间短、篇幅小，符合大学生学习的特点。一般认为注意力高度集中的时间约在 10 ~ 15 分钟左右。德育微课能在这一时间段内完成情境展示，可以让学生高效率地接收教育资讯。另外，因为现在的大学生对视频等多媒体信息接收程度明显强于传统说教的特点。而德育主题微课又是通过精心剪辑设计而成的德育视频，能很好地适应大学生在生理和心理上的需求。

第三，德育微课内容选题丰富，贴近大学生的学习和生活。高校德育，主要是以大学生为教育对象的思想教育、政治教育、法制教育、心理健康教育、道德教育。在这一过程中引导大学生真正认知自己、他人和社会，形成完整的人格，成为全面发展的人。在此背景下，凡是有利于学生提升品质和正确引导价值观的人物事件，都可以成为德育主题微课的重要题材，并且贴近大学生的现实世界，更能够引起思想启示和共鸣。

第四，德育微课的开发具有社会资源，听不同的人讲授是德育微课的重要特点。不局限于教师讲课，讲授人也可以是各行各业的道德模范、工匠技师、先进代表，把自己的观点通过情境展示出来，对大学生人生给以启迪。也说明了德育不仅仅在大学的课堂，更在社会各个阶层；不仅仅存在于大是大非的大道理中，也存在于生活的细微处。

三、德育教育微课的制作

德育教育微课能够在吸引大学生关注视频的同时，将德育影响渗透进学生的意识之中。主要包括两个方面：一是微课选题和设计，二是微课的制作。

（一）德育微课的选题和设计应注意下面几点

1. 课题选用素材要贴近大学生实际

要从大学生的视角来选择学习生活中的实际典型案例。比如，关于电信诈骗警示教育的主题，在案例中最好能针对大学生的典型案例进行分析和普法教育，这样更有角色渗透感，能更好地引起学生的重视。

2. 主题鲜明，适于大学生的思辨能力

德育微课要求主题不宜太大，要求精心分析每一个问题。例如，"纪律规矩"作为微课主题就显得太大了，可以用更小些的"课堂纪律"这一主题来代替。这样在设计和解读上也有利于更清晰全面地分析和理解。同时，在分析解读时要注意符合青年大学生的思辨能力，切忌追求"高、大、深"。

3. 要正确的归纳分析教育

这是最重要环节，直接关系对大学生德育教育的影响。对于开发者来说，认真研究分析，从培养大学生社会主义核心价值观来把握德育微课的真正内涵和用意。

（二）德育主题微课制作要求

首先，在制作模块上应该具备下面几个步骤：情境创设：德育微课主题涉及范围，要点明微课的德育元素的重点。也可以说是一个主题的引入部分。主题呈现：德育微课的核心内容是涉及的典型案例或者主讲人对情境完整的叙述，是主题展现的重要承载体。分析点评：主讲人对微课情境的理解认识，从德育角度的解读分析。启迪引导：总结德育微课体现的核心价值观点，并结合大学生群体，给大学生以启迪和指导。

其次，微课语言表达要清晰准确。德育微课本身时间短、内容精炼。因此在准备时要在文字上下工夫，切合大学生活，能够让大学生接受。

最后，微课录制视频画面要清晰。在选择录制工具或软件上必须考虑到画面质量。微课的清晰画面展现才能够引起大学生的观看兴趣，更能增加视觉冲击力，增加记忆，增强德育微课的效果。

四、德育微课对高校教师的要求

（一）熟练掌握网络技术

通过德育微课对大学生进行思想政治教育，必须掌握网络技能，深入了解网络特征、熟练使用网络、运用网络语言、掌握操作技巧并能及时解决出现的网络问题。及时更新理论知识和思想观念，从而使德育微课具备吸引力和感染力。只有这样才能在大学生中间增强趣味性、吸引力，才能在掌握学生的思想动态。

（二）提高网络法规素养

及时了解和学习网络相关的法律法规，掌握其发展趋势。利用网络平台来加强对学生的思想道德及法律意识培养。提倡文明上网，培养学生明辨是非的能力. 培养其在网络环境下的道德意志和情感责任。

（三）提高思想政治水平

要提高自身思想觉悟和理论水平，增强自身责任感和使命感，提高自身明辨是非的能力；利用德育微课发现学生存在的问题，有的放矢地开展工作；真正把德育教育变成自己的职业习惯，使德育微课成为完善自我和对学生进行思想教育的重要抓手。

（四）做好线上与线下有机结合

德育主题微课不是万能的，完全依靠微课开展德育工作容易造成与大学生群体脱离。因此充分运用网络技术的同时要把学校、班级、社团协会灵活的映射到微课上去。建立德育微课与现实集体的紧密联系，为德育工作的展开提供有效的组织基础。对于一些敏感、热点、疑难等深层次的问题，仍应坚持开展网下工作，耐心细致深入学生群体中。总之，要积极探索德育微课教育与日常思想政治教育相互补充、相互促进，使德育教育工作的效率和作用得到显著提高。

第二节 生命教育在高校德育中的应用

近些年大学生伤害自己或者他人生命的报道屡见不鲜。现代有一部分大学生陷入追求物质生活的泥沼中，从而出现了蔑视生命、不尊重生命的行为。并且很多学生过度沉溺于网络，虚度大学时光也是一种浪费生命的事实。这些事情的存在呼吁了高校应该注重学生的精神世界的发展，学校的教育应该贴近学生的生活，为学生的全面发展提供源源不断的动力支持。本节将从多个方面探究生命教育在高校教育中的应用。

一、生命教育在高校德育中研究意义

高校即肩负着为社会发展提供源源不断新鲜血液的地方，也是更多学子认为自己应该大展宏图的地方。高校也为个人和社会造就了一个又一个奇迹，一批又一批的人才。尽管如此高校中也存在着很多无视生命这一神圣的信条的存在。几乎每一年高校内都会出现伤害他人生命、无视生命的事件。无论是前两年的投毒事件，还是近两年的自杀事件。无论是伤害其他生命的事情还是伤害自己生命的事情。这样的事情一旦发生都会对受害者的家人、所在学校和社会造成严重的负面影响。高校的任务不光是"教书"更是"育人"；培养为受教育者健康向上的思想观念和生活态度，为他们的精神世界的建设添砖加瓦。

教育之所以是塑造人心灵的事情，是因为她通过引导使人们热爱生活、珍爱生命。可是我们很多的教育工作却忽略了对受教育者关于生命的教育，通过这种忽视造成严重后果。我们发现在培养学生专业知识的同时，也要按照系统并且有计划的应到学生有一个正确的生命价值的认识，理解生活的真谛尊重人的成长规律。使学生的生活充满阳光和欢乐，让他们的精神生活更加的丰富多彩。

二、国内外的研究分析

通过对国内外文献的阅读和分析我们发现他们着重关注学校要反对毒品和艾滋病的预防。对于国内来说主要是下面几种：第一点是生命教育体系的完善。很多教育专家认为通过发现学生内在的潜质为前提，再选择适合的教育方式。通过对学生精神世界的观察和引导，将他们的生命的潜能发挥出来。利用多种智慧的活动，培养学生的心灵，从外由内的促进学生拥有更加健全的人格。第二点是生命教育内容的应用，有些人认为生命教育是一个对生命进行认知的过程，通过这一过程达到敬畏、尊敬和热爱生命的目的；并且生命教育不仅限于人与人之间还有人与自己、环境和社会的教育。第三点是生命教育塑造学生的价值追求。这些人认为要关注生命的本质，使学生发现生命的价值是拥有健康的心灵和全面的人格。

在生命教育和高校德育的关系中，不同人也有不同的观念。有些人认为生命教育先于德育，要开发学生的主观能动性，从而促进学生人格的全面发展，这一切都基于良好的生命教育。也有人认为一个学校德育的生命力的体现在于生命教育的好坏；有人说德育的本质是生命教育，要把人作为教育的根本。将生活和生命作为教育的基本点，生命教育和德育是相辅相成的。

那么什么是生命的教育呢？生命教育观的本质是"生命"。在进行生命教育之前要对生命的内涵、特质、构成等方面进行详细的认识。生命是仅有一次的，所以这也是生命的宝贵之处。生命具有哪些特点呢？首先是生命的存在性，一方面是个人的存在，另一点是它是实在的；其次生命不是无限的，我们常说人有生老病死，在特定的时间里人们需要将自己的生活建立的更好；再有生命是具有意义的，因为每个人的生命都是有时间限制的，所以通过时间找到生命生的意义。最著名的一句话就是雷锋说："我要把有限的生命投入到无限的为人民服务当中去。"；生命是不断地进行更新的，生命需要不断地"升级"，生命拥有太多的可能性，在不同的生命阶段中也将体现出生命的不同特性。

高校中的德育与学生生活的差距，有些高校的德育与学生的生活距离十万八千里，这样的教育无法融入学生的具体生活中，所以这样的教育也就无法发挥它的指导作用。由此可见德育应该贴近学生的生活。高校的德育也没有与学生的专业知识的教学进行区分。忽视德育，随着社会的进步和发展，我们更加重视培养高素质的专业人才，但是忽略了他们的人格培养。

三、生命教育在高校德育应用

生命教育现在高校德育的应用有利于使学校的德育目标不断的吻合社会的发展。我们的学校需要培养一批又一批的社会主义的接班人，在注重学生的专业素质的时候也需要促进人的人格培养。在现代社会人与人的关系联系得更加紧密。

我们上文提到了学校的德育与学生的生活距离太遥远了，所以在这里我们可以不利用传统的讲课本的方式去进行德育。我们的德育要站在学生的角度，其例子是来源于学生的生活中，这样也会引发学生的学习兴趣。我们要将德育贴近生活、实际和学生，根据学生的生活现状来决定德育的教育内容和教育形式。

通过学生的成长规律来进行德育目标的确定。因为我们的生命具有连续、持久和上升性，所以在确定德育目标的时候就要关注学生的成长规律。并且德育目标也需要具有不同的级别，根据学生的年纪、性格和年龄等问题，可以划分为不同的群体，我们就可以在德育的时候根据不同的学生群体将目标划分为不同的等级。

以生命为德育的起点和归宿，良好的生命教育也会为德育带来巨大的积极影响力。首先将生命教育运用到高校的德育教育中，可以促进德育回归现实生活，有利于德育方法的升级和创新。将德育目标的制定进行级别的划分，不同的群体，有不同的德育目标和德育手段，这样也有利于学生整体发展。最后我们通过发现生命的本质和真谛，来达到我们热爱生活、热爱生命、尊重生命的目的。

第三节　德孝文化在高校德育工作中的应用

作为中华民族的优秀传统文化，德孝文化源远流长，是千百年来中华民族智慧的结晶，是个人、家庭、社会发展的多元文化核心，对新时代高校德育工作的发展也具有重要作用。将德孝文化资源与高效德育工作相互融合，既是对优秀传统文化的传承，也是提升高校大学生德育素养的必然要求。合理利用德孝文化资源、以运城市德孝文化为依托推进行德育工作，有助于提高高校大学生的道德素养。

十八大以来，习近平总书记在多个场合谈到中国传统文化，表达了自己对传统文化、传统思想价值体系的认同与尊崇，也多次提到德育工作和文化自信之间紧密的联系。而德孝文化作为中华民族优秀传统文化的重要内容之一，具有很强的生命力与现实意义。运城作为德孝文化的发源地，从 2010 年起，已成功举办八届"中国·运城舜帝德孝文化节"。不仅仅形成良好的社会效果和广泛的社会影响，而且为运城市各高校大学生德育工作提供助力。如何结合新时代特征，将德孝文化资源融入高校德育工作过程中，是各高校急需解决的问题。合理、科学利用德孝文化资源，依托德孝文化开展德育工作，有利于弘扬优秀传统文化与培育民族精神，在实践中提高高校大学生的德育精神。

一、德孝文化的内涵

《史记》一书中记载道："天下明德，皆自虞舜始"，这句话是有关德孝描述中最早的记录。舜帝以其贤德孝行而闻名。作为五帝之一，舜帝倡导的为人、持家、做官、治国都是把道德行为作为最根本的基础，也由此为中华传统文化中的道德元素开辟了先河。当前，虞舜文化渐渐整合在一起，成为中国优秀传统文化中的重要环节。而虞舜文化的内涵，也在学术界形成一个共识：舜帝作为五帝中的最后一位帝王，在时间上承接了文明初始到繁荣发展的阶段，其延伸而来的德孝文化主要体现在以下四个方面：

（一）重道德

中国传统社会的发展以伦理道德为根本，而古代伦理道德的开端正是以虞舜文化为基础的，重德治是虞舜文化的重要表现。舜帝推崇"父义、母慈、兄友、弟恭、子孝"的思想。以此为根基产生的仁、义、礼、智、信、忠、孝、悌、勇等儒家思想，贯穿了中华民族的整个发展过程，也深深地影响了几千年来中华民族的思想。在中国的传统社会中，道德舆论的影响力在很大程度上比法律更为深入人心，也因此产生了很多民族英雄。

（二）重入世

入世者讲究以自强的态度面对问题。舜帝耕历山、渔雷泽，迁三苗、扩疆域，举贤任能、禅让帝位等，都反映了舜帝的自我主张，也就是把自己内心的理想与信念表现在现实生活中。这种以重入世的生活态度去面对现实、解决现实问题是德孝文化的重要体现。这与《易传》"天行健，君子以自强不息"所表达的中华民族自强不息的精神具有异曲同工之义。

（三）重和谐

舜帝的和谐思想表现在"和而不同，执两用中"。主张行教化，通过德行来教人、化人，通过这种方式使人们形成一种和谐的道德精神并扩散成为社会统一的道德规范，以此来维护社会的和谐发展。在教化的过程中，舜帝通过纳谏、惩治奸佞之臣，来达到和而不同的目的。又通过适度折中、反对极端、以理服人来达到执两用中，也就是中庸。折中尊崇"和"与"中"的思想，推动了中华民族天人合一、和谐共处、宽容谦逊等民族精神的形成。

（四）重包容

包容是一种文化源远流长的一个重要特点，也是一种文化生命力的重要体现。虞舜文化与其他任何一种文化一样，通过其包容的特点形成了兼收并蓄、多样性与同一性的有机结合。这种兼收并蓄呈现出一种丰富多样的势态，集中表现在三个方面，分别是大陆文化、农业文化、家国同构的封建宗法文化。

二、德孝文化的教育价值

山西省运城市以舜帝陵为依托，成功举办了八届"中国·运城舜帝德孝文化节"。各高校以此为基础进行大学生文化节活动，并依托舜帝陵推动德育工作，不仅可以让学生参与实践，也可以形成长期有效的德育工作体系，形成地方院校与地方特色教育资源相结合的范本。

（一）有利于弘扬传统文化

高校德育工作需要在坚持针对性、科学性、有效性的前提下，充分挖掘、利用区域内教学资源开展教学活动。地方区域性文化资源是构成高校德育工作的重要组成部分。习近平同志指出："认真汲取中华优秀传统文化的思想精华和道德精髓，大力弘扬以爱国主义为核心的民族精神和以改革创新为核心的时代精神，深入挖掘和阐发中华优秀传统文化讲仁爱、重民本、守诚信、崇正义、尚和合、求大同的时代价值，使中华优秀传统文化成为涵养社会主义核心价值观的重要源泉。"

（二）有利于形成爱国情感

善于运用德孝文化特色资源，使之成为高校德育工作的重要组成部分。大学生通过参与德孝文化相关活动，能从德孝的实践中更加懂得感恩、懂得诚信、准确把握道德素养的内涵，在参与中释放情感、陶冶情操、充实心灵，使其逐渐了解优秀的传统文化，坚定自己的理想信念，提升民族精神与爱国情怀。

（三）有利于优化课程结构

当前高校德育课程虽然经过不断的改革与调整，仍然是以讲授为主的课堂对话。缺乏生动性与灵活性，不能很好地引导大学生理论与实践相结合。德孝文化资源的导入不仅具有强烈的历史感，而且可以更加直观地把历史与德育结合起来。在实现了课程结构优化、教学内容丰富以及学生积极参与的同时，也实现了地方特色资源的自身价值。

（四）有利于拓展教学空间

高校德育工作是一个理论与实践相结合的过程，课堂教学能够给予学生充分的理论知识。学生需要一个真实的环境去把理论付之于实践，在实践中求证与消化。以德孝文化为依托进行高校德育工作，可以让大学生获得一种真实的情感体验，是一种看得见、摸得着的文化痕迹。同时利用德育资源举办相关活动，更能有效地把理论知识转化为一种现实的需要。以此促进教学空间多样化、教学方式有效化。

（五）有利于增强情感体验

利用运城市德孝文化推进高校德育工作有序进行，不仅方便快捷，而且可以有效解决德育工作教学实践困难的问题，在解决问题的同时又可以继续开发利用形成更有特色的教育资源。这种地方特色资源可以让受教育者身临其境，尤其是面对熟悉地域中不熟悉的历史文化，让大学生观察、触摸、体验历史文化的深厚与伟大，让鲜活的历史再次呈现在大学生面前，增强了德育工作的吸引力和说服力。同时，特定的地方特色资源由于能使教育者与被教育者置身其中、身临其境而具有不可替代的"地域氛围"和近距离的"亲和力"，特别是面对既熟悉而又从未深究的地方文化，大学生可以去观察、考察、调查、体验、访问，在深刻的思想内涵和鲜活的事实面前亲自去感知和体验，增强德育工作的吸引力和说服力。

三、运城德孝文化的应用途径

（一）深化思想道德理论知识

高校德育工作必须始终坚持马克思主义指导思想，牢固树立中国特色社会主义共同理想，不断发扬以爱国主义为核心的民族精神和以改革创新为核心的时代精神，深入践行社会主义荣辱观和科学发展观。在德育工作中，使用教学资源、教学方式方法，进行教学改革的工作都必须坚定这一宗旨。以运城市德孝文化为依托推进高校德育工作，通过结合"中国·运城舜帝德孝文化节"这一特色，紧密结合实际。通过特定的、现实的实践教学，将具有内涵和历史传承的文化硕果传递给大学生，帮助大学生树立正确的道德观念。

（二）开展高品位校园文化活动

"中国·运城舜帝德孝文化节"是运城市文化品牌的一个特色。2010年以来，运城市盐湖区委、区政府充分发挥德孝文化资源优势，以"德政千秋、孝行天下"为主题，以创建德孝实践示范区为目标，以"七进七创"为载体，在全民中深入开展德孝文化实践活动。其中"进高校"是德孝文化节的一个重要环节。各高校根据"中国·运城舜帝德孝文化节"进程相应举办高校德孝文化节，开展一系列德孝文化活动。号召广大师生对德孝文化的学习，加强对德孝文化的理解。在高校里形成人人孝敬父母、尊敬师长、关爱社会的良好道德风尚，让学生在德孝文化活动的氛围中得到德智体美劳各方面的均衡发展。

举办"书信贺卡设计制作大赛"，采用"书信"的形式，传递孝心，弘扬德孝精神。使高校大学生从现在开始，身体力行，践行德孝文化。

举办"德孝当道，风华皎皎"征文大赛，提高大学生自身思想道德修养，促进全面发展。

举办"德感天地，孝化人间"朗诵比赛，用大学生喜闻乐见的方式，了解"德""孝"精神的重要性。鼓舜王之操，续先辈之德，比古今之事，思华夏之变，真正践行德孝精神。

举办"绘德彩，展孝艺"作品集，弘扬中华传统文化，继承中华民族的优秀传统美德。通过剪纸、书法、绘画和摄影展示德孝，让学生对德孝有更深层次的理解。

举办"弘德扬孝，智启河东"知识竞赛，提高大学生道德意识和加深"百善孝为先"的理念。真正让大学生在学习文化知识的同时，不忘德孝，努力成长为一名德智体美劳全面发展的人才。

举办"大话德孝"话剧比赛，通过话剧、情景剧、舞台剧、小品、相声、双簧等多种表演形式，在语言、动作及情感上来展现当代大学生的风貌。

（三）形成德育工作长效机制

各高校举办校园文化节可以在短时间内掀起德孝文化的热潮，但是当文化节过后，德育工作依然需要不断渗透，因此建立长期有效的德育工作机制是十分重要的。

高校需要搭建一个固定平台，统筹协调好学生学习工作与德育工作。把大学生社团与舜帝陵特色资源结合起来，形成固定的德育工作基地。在节假日组织学生去舜帝陵参观、学习、感悟历史。让德育文化在实践中得到释放，让学生在轻松的过程中升华自身的道德品质。

随着科学技术的发展，网络与新媒体已经成为人们学习和生活不可或缺的助手，青年大学生更易于接受新鲜的事物，愿意通过新媒体作为媒介去接触知识、学习知识。高校可以设立微信公众号、微博号，每天通过多样的内容呈现给学生与时俱进的德育知识，由此形成更愿意让学生接受的知识。

（四）完善德育工作体系

坚持以人为本。高校德育工作应该把学生的主体位置放在第一位，以平等的方式进行交流学习。以德孝文化为依托的大学生德育工作更加应该去引导学生的自主活动，不能生搬硬套活动模式，为了完成任务做表面文章。德育活动中应该发挥学生的主观能动性，以引导为主，让学生自行设计、组织、安排活动，让每一位同学都参与进来。给每一位同学一个展现自己的机会，让学生在自己想要的活动环节中投入情感、产生内心世界的共鸣。

坚持走向社会。德孝文化活动的过程中，高校的德育活动必然会和"中国·运城舜帝德孝文化节"进行对接。在此过程中，高校应该让大学生积极融入社会活动。比如说社会道德楷模的选举、老年照料中心的建立、孝星选举活动、德孝文化志愿队的建立，都能让学生在相应的社会活动中感悟德育的魅力，把自己置身于整个社会中换位思考。在推动个体道德水平进步的同时，实现社会道德水平的进步和发展。

坚持及时总结。高校德育工作是一项系统性工作，高校教师不仅担负着讲授、指引、组织大学生的工作，还必须对大学生设计的一系列活动提出相应的意见，帮助大学生更好地进行各项德孝文化活动。在活动结束后，教师应该积极参与讨论，发现问题、解决问题。通过总结去推动下一步工作继续进行，同时也可以让德育工作效益最大化。

坚持与时俱进。时序更替，思想先行，大时代尤其需要大智慧。高校德育工作应符合新时代中国特色社会主义思想，按照习近平同志因事而化、因时而进、因势而新的要求，不断发现学生自身特点。总结德育工作规律，继承和发扬中华优秀传统文化，充分利用德孝文化的特点，结合时代特征，勇于创新、勇于探索，形成具有地方特色的德育工作体系。让学生在德孝文化的氛围中实现道德素养的提升，为实现中华民族伟大复兴的中国梦打下坚实的基础。

总之，利用德孝文化资源是高校德育工作的有效手段，在培养大学生道德品质的过程中具有不可或缺的作用。运城市各高校应该充分把握德孝文化这张名片，加速推进大学生德育工作，进一步提高德孝文化资源的育人功能。

第四节　红色文化在高校德育教育中的应用

百年大计，教育为本。在"两个一百年奋斗目标"的导向下，我国特色社会主义现代化建设迈入了新的战略发展时期，并对大学生提出了更多、更高素质要求。基于"立德树人"的根本目标追求，德育教育在高校中的有效开展势在必行。而红色文化则提供了重要的支撑，其应用至关重要。这也是党的领导意志的具体呈现，相关方面的课题研究备受关注和热议。本节基于对红色文化在高校德育教育中应用现状的分析简述，着重就其发展进行了探究。

德育教育是素质教育的灵魂所在，直接影响了高校培养育人实效，对实现"立德树人"根本目标有着重要战略意义。红色文化在高校德育教育中的应用，进一步丰富了其素材支持。不仅有利于形成学生良好的道德品质，还有利于强化其"文化自信"，是开启社会主义现代化精神文明建设的关键一环。时至今日，在充分肯定红色文化在高校德育教育中应用成果的同时，亦需审时度势，认真反思其中不足。从而保证其最大效益产出，为国家发展、民族昌盛输入更多有用人才。

一、红色文化在高校德育教育中的应用现状

习近平总书记指出，"共和国是红色的，不能淡化这个颜色。"红色文化凝聚着党的意志精神和群众的美好追求，对其弘扬是实现中华民族伟大复兴的基础，亦是发挥了重要的德育教育功能。时至今日，在党的正确方针领导下，红色文化在德育教育中的运用，得到了高校的广泛认知和高度重视，并在经久的探寻中，收效明显。但由于多方面因素影响，当前高校德育教育中对红色文化的应用效果不尽如人意，其中尚存不少问题亟待解决。具体而言，很多高校对红色文化的挖掘仅停滞于表面，缺乏深度探究的过程。相关教材体系不完备，导致其德育教育功能得不到最大限度释放。同时，红色文化在高校德育教育中的应用方法单一，长期受传统应试教育模式的影响，过度偏重于理论灌输。忽视了学生能动参与，无法促进他们向实践行为的有效转化。不利于其红色文化学习自觉性的生成，从而弱化了最终效果。另外，在高度开放、自由化的互联网虚拟空间生态下，多元文化冲击使得部分学生逐渐迷失了自我，进一步压缩了红色文化生存空间，对高校德育教育提出了更加严峻的挑战。正是基于上述种种环节的影响，红色文化在高校德育教育中的应用变革势在必行。

二、红色文化在高校德育教育中的应用发展

红色文化特殊的文化归属，决定了其德育教育功能，在高校中的应用渗透至关重要，是进一步实现"立德树人"根本目标的有效路径。本人提出了以下几种红色文化在高校德育教育中的应用发展方略，以供参考和借鉴。

（一）加强保障建设

高校德育教育至关重要，是其提升育人实效的必然选择，而红色文化则起到了重要的支撑作用。社会主义现代化视角下，高校要认真贯彻落实党的战略方针，深耕红色文化，大力发展德育教育。并结合自身实际情况，适度提高该方面的建设投入，支持系列工作正常开展，从而保证该项工程最大效益价值产出。在此过程中，教师作为教育教学主导，是该项工作有效组织的核心，并对其综合素质素养水平提出了更高要求。新时期，全体教师要积极参与到高校德育教育工程建设当中，不断加强自主学习，深谙红色文化内涵，并将之有机地导入到工作实践中。同时，高校可以开展多种样式培训教育以强化教师德育教育意识，深入学习红色文化，并共享有效实践工作经验，进一步扎实智力基础。

（二）丰富素材支持

红色文化是高校德育教育的重要资源，有助于树立学生正确的价值追求，并强化其爱

国主义情怀。以党为领导核心，在人民群众不懈的美好追求下，开拓了我国社会主义现代化文明，并积累了相当丰富的红色文化。基于此，高校及教师应精准定位德育教育目标导向，结合学生认识成长规律及主观个性差异，深入挖掘红色文化资源，并对其进行有效梳理。支持校本化课程开发，深刻阐述红色文化倡导的思想精神。继而通过正确的方法引导，促进向学生内在优良品质的转化。同时，高校德育教育作为一项庞杂的系统化工作组织，基于习近平总书记"三全育人"理念导向，应厚植红色文化在各类专业课程中的渗透，突出其实践引导功能。从而增强学生重视程度，激励他们积极、主动参与相关学习活动当中。除却上述这些，高校还可以红色文化为主题，编制一些德育教育方面的读物或宣传册。吸引学生注意力的同时，激发他们的学习活性，并为之自主学习提供资源支持。

（三）组织多样活动

高校德育教育强调知行合一，要注重有机地将理论与实践结合起来。通过丰富多样的活动组织，进一步升华学生认知结构，并促进他们产生正确行为。在具体的践行过程中，高校可充分发挥自身所处地域优势，加强与红色文化资源相关单位之间的合作建设，如革命纪念馆、红色旅游胜地等，整合其优质资源，打造良好的德育教育实践基地。通过一件件极具纪念意义的物品或场景，重新唤起学生对红色革命精神的向往与追求。铭记历史，争做社会主义现代化建设先锋，为国家发展、民族昌盛做贡献。同时，高校还可不定期组织学生以文艺会演的方式慰问革命先辈，听取他们的光辉事迹和谆谆教诲，在鲜活生动的案例中深受感染，自觉践行先进文化精神。如此，还有利于丰富革命先辈的精神生活，使之充分享受现代化社会主义美好生活，减少他们孤单等负面情绪。另外，高校还可利用各个节日节点，在校内组织多样化的红色文化专题活动，如我爱祖国演讲、重温革命历史等，展现新一代大学生的风采，弘扬社会主义核心价值观，势必能够对德育教育起到事半功倍的效果。基于丰富多样的活动组织，还有利于丰富学生课余生活，使之以更加高昂的热情参与其中。

（四）耦合校园文化

所谓文化是一种变成了习惯的生活方式和精神价值，最终形成了一群人的集体意识，在潜移默化中起到了德育教育的作用。根据习近平总书记精神指引，"以文化人"是高校德育教育发展的有效路径，更是红色文化在其中有效应用的关键一环。具体而言，高校应进一步加强文化体系建设，加强与红色文化的耦合。营造浓郁的学习氛围环境，导引学生全面、健康发展，实现"立德树人"的根本目标追求。例如，高校可重新优化校内建筑布局，设立红色文化广角，增加革命伟人雕像、悬挂毛泽东语录等。让学生时刻渲染在浓郁的红色文化氛围当中，警醒他们铭记历史、继承传统。同时，信息化时代，互联网的传播和影响，造成了我国多元文化生态的形成，对当代大学生价值观念认知产生了巨大冲击。对此，为了进一步扩大德育教育成效，高校应积极抢占网络新阵地，充分运用各类传播平台的功能优势，加大对红色文化的宣传。提升舆论影响力和引导力，及时修正学生错误思潮，促进他们健康发展。例如，高校可建立红色文化微信公众号，紧密结合学生学习生活，适时推介一些红色文化相关的信息，以其喜闻乐见的方式，激发他们的参与活性。

综上所述，红色文化在高校德育教育中的应用势在必行且至关重要，是进一步提升其"立德树人"育人实效的有效路径。作为一项相对庞杂的系统化工作组织，在实际践行过程中，首要依托扎实的师资队伍智力支持，深入挖掘红色文化资源，形成全方位育人的生态格局。丰富相关素材支持，并组织开展多样化的文体实践活动，扩大其影响价值。以寓教于乐的方式，激励学生健康发展。

第五节　校园情景剧在高校德育工作中的应用

学校是进行系统道德教育的重要阵地，具有育人的重要职能。为了更好地创设高校的人文环境，营造团结和谐的校园氛围，文章对于如何做好高校的德育工作进行了深入思考，提出了在高校德育工作中应用校园情景剧作为德育实践养成的创新方法。文章首先剖析了高校德育方面存在的问题，然后阐述了校园情景剧在高校德育工作中的实践及应用方式，最后总结分析了校园情景剧在高校德育中的作用及意义。

中共中央印发的《公民道德建设实施纲要》指出"学校是进行系统道德教育的重要阵地。各级各类学校必须认真贯彻党的教育方针，全面推进素质教育，把教书与育人紧密结合起来。要科学规划不同年龄学生及各学习阶段道德教育的具体内容，坚持贯彻学生日常行为规范，加强校纪校风建设。要发挥教师为人师表的作用，把道德教育渗透到学校教育的各个环节。"由此可以看出德育在学校教育当中的重要地位。学校是道德教育的重要阵地，具有育人的重要职能。校园情景剧是反映校园生活情景的剧目，它通过角色扮演的形式呈现学生在校园生活中出现的冲突问题。进而解决问题，从而提高学生的心理健康水平以及思想道德素质。在高校德育工作中应用校园情景剧的方法，不仅可以起到教育引导学生的作用，还可以帮助大学生在实践中形成道德行为规范，从而提高德育效果，促进大学生的健康成长。

一、高校德育中存在的问题剖析

《公民道德建设实施纲要》指出："社会主义道德建设要坚持以为人民服务为核心，以集体主义为原则，以爱祖国、爱人民、爱劳动、爱科学、爱社会主义为基本要求。"由此可以看出，学校德育工作的目标是要培养学生具有爱祖国、爱人民、爱劳动、爱科学、爱社会主义的思想感情和良好品德。因而无论中小学还是大中专院校在德育方面都要注重培养学生良好的道德品质和文明行为习惯，关注学生思想政治素质、社会公德、个人品德等方面的涵养，从而培养出德智体美劳全面发展的社会主义建设者和接班人。

目前高校德育工作还存在以下问题：

大学生思想政治素养有待提高。当今社会发展迅速，文化呈现多元化，各种各样的信息纷繁复杂。部分大学生的政治意识、大局意识、核心意识和看齐意识观念淡薄，个人意识、自我观念比较突出。同时社会上还有一些人受外来腐朽文化的侵蚀，发出了一些不符合社会主义主旋律的声音。比如污蔑中华民族传统文化、革命文化、中华民族英雄人物以及网上发表一些抨击社会主义的不当言论等，带偏了大学生的思想政治意识。由此说明大学生的思想政治素养还有待提高。思想政治素养居于德育工作的首要位置，高校应该采取措施加强大学生思想政治素养的培育。高校除了按照习总书记的指示"切实加强组织领导，旗帜鲜明地发挥思想政治课的导向作用，不断增强思政课的思想性、理论性和亲和力。通过深入浅出、润物无声的思想政治课，在学生心灵埋下真善美的种子。"同时还应该在大学生德育的实践养成方面多做思考。

大学生社会公德心有待加强。社会公德是人们在社会中生活必须遵守的道德准则和行为规范。《公民道德建设实施纲要》指出"要大力倡导以文明礼貌、助人为乐、爱护公物、保护环境、遵纪守法为主要内容的社会公德。"现如今社会上还存在一些违反社会公德的现象，如不爱护公物、不遵守社会秩序、不爱护公共卫生等状况。在校园里，大学生身上也普遍存在着教室乱扔垃圾，饭堂买饭插队，宿舍晚寝或午休时间大声喧哗，不爱护学校公物等现象。由此可见大学生的社会公德心还有待加强。社会公德体现出人类社会的文明程度，在高校体现的就是德育工作的效果。因此，高校应重视大学生社会公德心的培育养成。

大学生个人品德方面有待提高。进入 21 世纪，我国经济飞速发展，但区域经济发展不平衡，城乡之间经济还存在着较大差异。在大学里，学生之间的家庭情况也存在着较大差距，导致大学生的世界观、人生观和价值观也存在不同。在大学生身上不同程度地存在着拜金主义、享乐主义、自私自利等思想。如为购买高档奢侈品或满足个人私欲，不惜丧失个人尊严、个人信誉在不良网络平台贷款；为获得奖助学金，而在同学中发表一些不当言论；平时学习不努力，期末考试想尽办法作弊；毕业时为了丰富个人履历，在求职简历中"注水"等不诚信的行为。由此可见，大学生个人品德方面还有待提高。大学生的品行不仅反映的是大学生的个人品德，同时也直接反映了高校的育人效果。因而，高校应在如何提高大学生的品德教育方面多做思考。

二、校园情景剧在高校德育工作中的实践及应用方式

校园情景剧通过剧情演绎的形式，促进参与者对生活当中的负面事件进行思考、反思行为、化解冲突，提高了学生分析问题与解决问题的能力。将校园情景剧形式应用到高校的德育工作中，可以在一定程度上提高德育效果。具体实践及应用方式可以从以下方面展开：

深入挖掘典型素材，编撰具有德育意义的剧本。校园情景剧应该从大学生德育方面存

在的典型问题出发寻找题材。从大学生的实际生活出发，选取具有代表意义的事件编撰剧本。这样才能引起学生们的共鸣，从而达到德育的效果。如可以寻找大学生政治信仰缺失的典型案例、大学生社会公德心缺失的典型案例、大学生个人品德方面广泛议论的话题等。特别是可以结合网上有关青年人的热点事件改编成德育剧本，这样更能吸引学生们的眼球，激发他们的参与兴趣。还可以将身边同学的美德故事，编成德育剧本。通过榜样的力量，触动更多人的心灵，激发学生身上的正能量。或者发动同学们寻找身边"弘扬中国人民伟大创造精神、伟大奋斗精神、伟大团结精神、伟大梦想精神以及弘扬改革开放精神、劳动精神、劳模精神、工匠精神、优秀企业家精神、科学家精神"的相关故事编撰为德育剧本。除此之外，还可以通过高校组织的青年志愿者活动、公益爱心活动打造一些德育精品项目。利用团队的力量，唱响社会主义主旋律，号召广大大学生努力践行社会主义核心价值观。

开展周末剧场德育剧演出活动，为学生营造良好的校园德育氛围。为了丰富校园文化生活，给学生更多的文化熏陶，营造良好的校园德育氛围。学校可以开展周末德育剧场演出活动，作为学校的常规活动。周末德育剧场不仅可以给学生营造一种轻松愉悦的氛围，放松学生学习生活带来的压力，还可通过演出活动给广大想参与表演的学生一个展示自己的舞台。学生参与德育剧的表演或观看演出都可以让他们更加直观地接受道德教育，使身心得到洗礼，可以达到更好的教育效果。

高校集合各方面力量组成德育工作小组，共同打造德育精品剧目。习近平总书记在全国高校思想政治工作会议上的讲话中提到"要坚持把立德树人作为中心环节，把思想政治工作贯穿教育教学全过程，实现全程育人、全方位育人，努力开创我国高等教育事业发展新局面。"高校的育人工作是一项全员参与的系统工程，只有集合各方面的力量才能做好大学生的德育工作。要想通过校园情景剧的方式达到德育工作的效果，需要集合全校优势资源组成德育工作小组，如学校负责意识形态工作的老师、校园文化工作的领导老师、思想政治理论课教师、辅导员、班主任等参与进来。德育工作小组应共同拟定校园情景剧德育方法的工作方案或制定出德育工作的制度规范。尤其是当德育剧本收集上来的时候，德育工作小组应共同评选优秀剧本。然后组织学生依照剧本排演，根据学生的演出效果进一步修改与完善剧本，努力打造出德育精品剧目。

做好德育精品剧目在校园内、社会上的宣传推广工作。习近平总书记在出席全国宣传思想工作会议时强调，"做好新形势下宣传思想工作，必须自觉承担起举旗帜、聚民心、育新人、兴文化、展形象的使命任务。"在全校师生共同努力下打造出的德育精品剧目不仅在校内更应该在校外进行宣传推广。特别是要在新媒体平台宣传推广，扩大学校德育剧的影响力。从而为学校、为社会营造良好的德育氛围，也实现了宣传工作的使命任务。拓宽广大学生及人民群众观看德育精品剧目的渠道，有利于在社会中营造正确的舆论导向。引导人民群众树立正确的理想信念、价值理念、道德观念，同时也弘扬了社会正气，从而在全社会掀起践行社会主义核心价值观之风，传播真善美。

三、高校德育工作中应用校园情景剧的作用及其意义

在高校的德育工作中运用校园情景剧，可以起到良好的德育效果，具有重要的作用及意义。

创新了高校德育工作的方法，增强了德育工作的实效性。习近平总书记2018年5月2日在北京大学师生座谈会上的讲话中提到："要把立德树人的成效作为检验学校一切工作的根本标准，真正做到以文化人、以德育人，不断提高学生思想水平、政治觉悟、道德品质、文化素养，做到明大德、守公德、严私德。要把立德树人内化到大学建设和管理各领域、各方面、各环节，做到以树人为核心，以立德为根本。"根据习总书记讲话精神，高校的德育工作要增强实效性。然而高校的德育工作是一项复杂而又系统的工程。对于高校来说，运用传统的教育方式已经跟不上新时代背景下学生的心理特点及发展要求，需要探索一条更能为学生所接受的教育途径。校园情景剧通过剧情演绎增强了大学生的参与性，更能让学生们在实践中收获成长，达到德育效果。体现出高校德育工作方法的创新，同时也增强了德育工作的实效性。

帮助大学生发现冲突问题，进而解决问题，改变不合理的心理状态。校园情景剧演绎的就是学生在生活中出现的冲突事件。学生们在演绎校园情景剧的同时，也在思考如何更好地去解决矛盾冲突。在解决冲突事件时，扮演者开始体验自己的内心是如何的挣扎、碰撞、解脱，观众也从表演中感受自己内心的冲撞与改变，学会改变自身存在的不合理心态。学生在实践中提高了思想认识和心理健康水平，从而达到了德育效果。

通过角色扮演，促进学生间的沟通，提高他们的人际交往能力。学生在角色扮演的过程中会深入研究剧中人物的语言动作、情绪变化、心理特点，并相互交流如何更好地塑造人物的性格特征。学生通过角色的扮演与交流，学会了如何更好地进入角色，更好地解决矛盾冲突，正确地看待与处理生活中出现的矛盾现象。在角色的演绎过程中，他们学会了站在他人的角度思考分析问题。可以改善那种以自我为中心的人际交往模式，从而提高学生们的人际交往能力。

帮助大学生养成良好的道德行为规范，拥有健康的心态。校园情景剧通过剧本的巧妙构思、演员的精彩演出，可以给观众带来直观的视觉感受。促使观众深入剧情，启人深思，逐渐领悟校园情景剧的教育意义。通过校园情景剧的演绎形式，让学生在参与演出的同时提高思想觉悟。观看演出的过程中心灵得到洗礼，有利于良好道德品质的培育，形成健康的心态和良好的道德行为规范。

综上所述，大学生的德育培养是高校当中的一项重要工作。随着社会主义核心价值观在全社会的大力推广，高校也进一步明确了新时代大学生德育培育的方向。在新形势新的时代环境下，高校运用校园情景剧作为德育工作的实施途径是一项创新举措。校园情景剧来源于大学生的生活情境，贴近大学生的日常生活，更能走进大学生的内心，深受广大大学

生的欢迎，可以达到更好的德育效果，具有重要的育人意义。

第六节 团体心理辅导在高校德育教学中的应用

十九大以后，党中央对高校思想政治教育有了更高的要求，特别是习近平总书记在全国高校思想政治工作会议上的讲话强调要让思想政治教育贯穿教育教学全过程。德育作为高校思想政治教育的重要组成部分，显得非常重要。从目前的高校状况看，传统的德育教学模式已经不适应高校政治思想教育发展的需求。我们应该重视团体心理辅导在高校德育教学中的重要作用。通过团体心理辅导对改善大学生心理健康有着非常大的帮助，同时也可以适应新时代高校对于德育教学的发展需要。

受社会、学习、生活、就业、情感等多维度因素的影响，当代大学生的心理问题也逐渐显现出来。这不仅影响到大学生自身的健康发展，同时也对社会造成了一定的负面影响。对此，高校应当引起重视。团队心理辅导是在团体情景下进行的一种心理辅导形式，以团体为对象，运用相关方法，促使团体内成员之间的交流互动。通过观察、学习与体验去认识自我、探讨自我、接纳自我。调整和改善与人的关系，形成新的行为模式完善内在人格。有研究表明，团队心理辅导在高校德育教学中有着积极的作用。开展团队心理辅导，有利于大学生的健康发展。

一、团体心理辅导在高校德育教学中的作用分析

（一）拓宽了高校德育教学视阈

长期以来，高校德育教学一直以理论教育为主，机械式地向学生灌输要摆正政治立场，坚定理想信念，但是却没有教会学生如何去认识自我、如何处理自己与周围人、与社会的关系。可以说学生完全是以独立的个体存在的，比较封闭。在学校做团体心理辅导，其主体是学生，其活动形式大多以学生自身的观察体验、相互启发去学习和认识。打破了简单枯燥的单向知识灌输的学习模式，让学生更有效的接受德育教育内容并有效地将其内化。此外，在高校德育教学中应用团体心理辅导，有利于学生共勉共助。让学生充分融入团体之中，并增强其归属感和集体荣誉感。

（二）为学生树立正确的三观奠定了基础

大学生作为社会主义事业建设的接班人，心理因素是影响大学生认知自我、认识世界的关键因素。同时也是影响社会稳定、健康发展的重要因素。良好的心理素质能够帮助学生形成积极乐观的心态，使其在困难、挫折面前从容面对；反之，消极的心理容易导致学生思想观念扭曲。而团体心理辅导活动有利于大学生树立正确的三观。通过团体心理辅导，可以让学生在团体中充分交流。在此过程中深入探究世界、谈论人生价值，促进不同学生

的世界观、人生观、价值观有效融合，进而不断完善学生的三观体系。同时，团体心理辅导是以集体的视阈看问题，有利于突破个体视阈的局限性，引导学生全面发展。

（三）有利于提高德育教学的科学性

传统教育模式下，教师具有"闻道在先"之权威。在课堂上教师占据着主导地位，学生处于被动接受知识的状态。这种教学造成学生与教师之间存在鸿沟，这种鸿沟的存在使得高校德育教育中无法有效落实人道主义教育。而团体心理辅导是以学生为中心，在德育教学中应用团体心理指导，可以充分调动学生的学习积极性和主动性，让学生在解决心理问题的同时也充分感受到人文关怀。潜移默化的树立起关心他人、尊重他人的思想意识，进而提高德育教学实效。

二、团体心理辅导在高校德育教学中的应用策略

（一）科学设计活动主题

高校德育教学的目的就是引导学生树立正确的人生观、世界观、价值观，而要想达到这一目的，仅仅依靠理论知识教育是远远不够的，需要让学生多参与各种实践。对此，在应用团体心理辅导的过程中，教师在向学生灌输理论知识时，要巧妙地结合教学内容，设计各种活动。让学生在活动中不断认识自我、完善自我。教师在设计活动时，要准确把握学生的心理需求，用团体协作、角色换位、分享、游戏等方法，开展相关团体心理辅导主题教育活动。如，针对"人际关系"问题，可以设计"互帮互助"的团体活动，让学生在实践活动中有针对性地培养其良好的人际关系。

（二）开展小组合作

所谓小组合作是指将学生分成小组，以小组为单位进行合作学习的一种方式。借助小组合作这种方式，有利于团体心理辅导作用的高效发挥。在高校德育教学中，教师要善于借助采用小组合作的方式来引导、教育学生。如，针对"公民道德"问题，教师可以让学生分成小组，让学生围绕"公民道德"这一主题进行讨论。让学生在讨论的过程中指导如何做一名合格的公民。同时，在讨论结束后，教师可以让小组成员进行自我评价、相互评价，指出对方的优缺点。从而使学生了解自身的不足，有针对性地加以改进。

（三）营造一个轻松、和谐、安全的教学环境

在高校德育教学中实施团体心理辅导的过程中，是以团体为载体开展活动的。而要想达到团体心理辅导应有的作用，教师应当为学生创设一个轻松、和谐、安全的环境。这将有利于学生全身心地投入到教学中来，主动去开放自我，并有效的从中学习与反思。同时，在德育教学过程中，教师要善于运用共情技术、表达对学生的尊重和理解。协助他们调整好的自己的心理和情绪，帮助他们从负面心理和情绪中走出来，使学生能够积极、乐观的面对一切。另外，在团体活动中，教师要适当鼓励学生，增强自信，使其在心理上得到一

定的满足，进而提高其学习积极性。

（四）加强师生的互动

师生互动少是当前高校德育教学中一个普遍现象。教师在教学过程中大多是抱着完成任务的心态去教学，只管教，不管学。虽然大学生已经成年，但是他们未经历社会，各方面的阅历不足，在成长过程中需要教师的引导。对此，在应用团体心理指导的过程中，教师应注重与学生的主动。在课堂上，教师要注重与学生交流、沟通，将自己对心理、道德等方面的看法与学生一起分享讨论。同时，教师要以身作则，让学生看到自己的爱岗敬业，并在传道授业的过程中影响学生，引导学生朝着正确的方面发展。另外，教师要以团体成员的身份融入团体心理辅导中去。与学生建立更好良好的关系，进而更好地方便师生互动，提高德育教学实效。

三、团体心理辅导在高校德育教学中应用需要注意的问题

（一）突出学生的主体作用

无论是团体心理辅导还是德育教学，其目的就是引导学生健康、全面发展。而要想达到这一目的，关键在于突出学生的主体作用。学生作为教学的主体，只有肯定其主体作用，才能更好调动其学习积极性和主动性，进而提高教学实效。对此，在高校德育教学应用团体心理辅导中，教师要根据学生的心理特点来设计活动。确保心理活动能够吸引学生的注意，并产生认同感，进而更好地实施德育教学。

（二）教学的针对性

大学生作为社会主义事业建设者，开展德育教育、加强心理辅导，有利于学生的更好发展。团体心理辅导在高校德育教学中有着重要作用，团体心理辅导活动开展最终目的应该与德育教学主题活动相符。对此，在高校德育教学中，教师应明确价值观导向，将学生培养成为积极、乐观、充满活力，具有正确人生观、世界观、价值观，具有坚定社会主义意识的接班人和建设者。

（三）心理辅导过程中的平等性

不同学生之间存在着一定的差异，这种差异性也是困扰高校德育教学的重要因素。受传统观念的影响，教师在教学过程中比较倾向于听话、学习成绩好的学生，疏远那些成绩不好、调皮捣蛋的学生，而这种教学不利于团体心理辅导的开展。对此，要想达到教学最佳效果，教师在教学过程中就必须考虑到心理辅导过程中的平等性。一方面，教师在教育过程中，对学生要做到一视同仁，不能带"有色眼镜"。另一方面，要引导学生在到团体活动中保持平等互助的关系。只有让学生处在平等对话的语境下，团体成员才能敞开自己的心扉，真诚地分享经验，乐意接受他人的帮助，愿意主动去帮助他人。

综上所述，团体心理辅导在高校德育教学中有着积极的作用。团队心理辅导以团体为

对象，在团体活动下，可以更好地调动学生的学习主动性，引导学生树立正确的人生观、世界观、价值观，培养学生健全的品质和人格，进而促进学生的全面发展。作为教师，在开展团体心理辅导的过程中，要根据学生的心理状态，有针对性地引导学生学习，确保团体活动的针对性，进而促进德育教学实效。

第七节　混合式教学方法在高校德育课中的应用

混合式教学能够打破传统德育观念的束缚，将知性德育与生活德育相结合，更深度地开发和利用新的德育教育资源。不仅增强了德育课的针对性，还增加了德育课的感染力。高校德育课作为大学生思想政治教育的主阵地，在德育课教学中应用混合式教学方法是至关重要的。

随着时代的进步，网络通信技术的日新月异，人们获取知识的途径变得多样化，课堂学习也变得多样化。在这个通信发达的时代，学习不仅局限于师生之间的教与学，更多的是能够通过线上平台进行对话。传统的教育方式，已经不能满足人们的教学需要，在德育教学中也是如此。因此，混合式教学模式应运而生。

一、混合式教学的概念

所谓混合式教学指的是将传统的教学模式与网络教学相结合，教师集体讲授德育知识，学生自主在网络上学习相关的知识。将网络教学与实践教学完美结合，将不同的学习理论、学习环境、学习资源、学习方式等相互融合。

混合式教学具体来说就是将线下的课堂教学与线上的网络教学模式相结合，教师在线上给学生发布相应的学习任务，分享相关的学习资源，布置作业，学生可以借助网络平台学习相关知识，线上提交课堂作业。同时还能直接通过网络平台向教师提问、互动。线下，教师可以起引导作用，提供线上的学习通道，使学生能够完成相关的学习任务。这样线下和线上的学习方式相互结合，能够激发学生创造性的学习，帮助学生有效地学习知识，最终能够保证学习效果。

二、当前高校德育课面临的现状

（一）课堂教学效果不理想

虽然高校德育课教师都在积极改进教学方法，提高教学效果，但德育课教学仍主要以教师讲授为主，学生被动接受。师生之间缺乏互动性，缺乏交流。导致学生的注意力长时间集中比较困难，最后的状态就是教师讲课累，学生听不进，积极性不高，课堂效果不理想。

（二）大班教学使教师不能完全了解每一个学生

目前各高校的德育课绝大部分都是大班教学，通常几个行政班拼成一个大的课堂，人数 80 到 100 人。对于这样的大班教学，由于学生人数过多，使教师不能顾及每一个学生，并且教学组织有一定难度。

（三）学生的课堂注意力受新媒体影响

现在大学生中基本每人一部手机，大部分学生会在枯燥乏味或者缺乏管理的课堂使用手机，从而成了低头一族；另一方面，当今，信息传播快速，人们通过网络获得信息。"95 后"和"00 后"的大学生算是久居网络，一些学生从网络获得的信息较广泛，获得的途径更多，这些能力远远超越了教师。如何让课堂内容丰富有吸引力而不陈旧，如何让手机等新媒体更好地应用于课堂教学，成为当下德育课教师需要思考和实践的问题。

三、混合式教学在高校德育课上的运用效果

（一）打破传统教育模式

混合式教学在德育课堂中的应用打破了原有的教育理念，线上的学习能够使学生接触到更多的知识，能够将德育教育转化为德育知识。线上的知识学习与线下的实践学习相互结合起来，最终完成德育认知与习惯养成，做到知行合一，将德育知识与现实生活相结合，使德育教育更加贴近现实生活，更容易被学生所接受。

（二）资源开发更加深度

重视优秀文化，德育资源对国家和人民具有深远影响，也蕴含着不可估量的价值，是中华民族的灵魂与血脉。混合式教学的应用为德育资源的深度挖掘提供了相应的条件。运用通信网络技术，学生通过线上的学习，能够多方面地检索知识。同时也能根据自己的兴趣来挖掘德育资源，人人提高了学生的学习效率。

（三）创新德育教育途径与方法

课堂一旦变得枯燥无味，学生就无心学习。混合式教学模式的运用，增添了德育课的生机与活力。德育课从呆板的线下教育走向直观生动的线上教育，从德育认知走向德育自觉。例如，混合式模式线上的教学有音频、文字、视频以及丰富的演讲等。学生接受知识时能根据自身的特点来选择学习的方式。从而增加了学习的趣味性，增加了接受知识的能力。

（四）理念创新化

混合式教学可以说是一种创新的教学模式。高校也有着创新的教学理念，其目标也是很明确的，德育课学习变得目标化，更加贴近学生的需要。以人为本的思想理念掺杂其中，全方面地为学生考虑，根据学生的实际情况采用不同的教学模式。这不仅是对德育知识的

尊重，也能提高学生的学习效率。

高校德育课中运用混合式教学方法，能使学生结合线上学习相应的德育知识。获取知识的方式变得多种多样，最终能够达到提高学生的学习效率、广泛传播德育知识的目的。但同时我们也要看到混合式教学面临的挑战，德育课教师应该思考如何更好地做好线下的教学课堂，如何提高德育课的有效性，从而使高校的德育教育真正发挥思想政治教育主阵地的作用。

第八节　微信公众平台在高校德育及管理工作中的应用

随着科技时代的发展进步，新媒体的影响力也越来越大，对社会生活产生了巨大的冲击。作为新兴校园媒体，微信公众平台得到越来越多高校的重视，并被积极应用于高校德育工作中。充分发挥与利用高校微信公众平台的优势，是更好地服务于高校德育工作的重要途径。

基于无线网络的迅速崛起，微信作为一个多功能的新兴校园媒体，自从诞生以来，就以它独特的优势迅速成为各个高校校园最有人气的互联网舆论平台。对大学生的思想观念、道德规范和行为方式等各方面都产生了深刻影响。在新媒体形势下，高校德育工作应紧随时代的步伐，对微信公众平台的优势加以充分利用。并在结合当代大学生特点的基础上，最终让微信公众平台在高校德育工作中发挥最大效用。

一、高校微信公众平台的含义及特征

（一）高校微信公众平台的含义

公众平台是指通过申请注册而成为其用户，并以订阅式的方式实现信息的获取、共享、传播和发展的现代信息化平台。简单地说，高校微信公众平台就是指高校利用微信公众服务号开展一对多高校教育的公众平台，旨在为高校大学生提供量身定做的服务，最终服务于高校德育工作。

（二）高校微信公众平台的特征

高校微信公众平台有其独特性，通过发布校园新闻、提供信息咨询等方式给每位学子的生活学习等各个方面提供了便利，极大地拓宽了高校德育的范围及影响力。

1.专业的经营主体

目前高校微信公众平台都是由各大高校的相关部门与机构来负责经营和管理，如校党团组织和学生工作处等。因此，经营主体的专业性为发布和推送具有权威性和可靠性的及时消息提供了保障，提高了德育工作的效率。

2. 特定的服务对象

各大高校微信公众平台都是针对该校的大学生来进行服务的。服务对象的特定性决定了高校推送的新闻与提供的咨询服务都需要对本校大学生进行量身定做，在一定程度上保障了德育工作的有效性。

3. 特定的服务内容

由于服务对象的特定性，因此高校推送的内容也必然具有特定性。笔者所在大学的微信公众账号为学生提供三个方面的基本服务：一是发布学校新闻、公告、教研信息、讲座预告与微主页的微门户；二是提供课表、成绩、一卡通、校园街景等的查询系统；三是微社区和微博等的微圈。同时通过及时推送校园新闻，让同学们更好地了解校园动态，拉近了学生与学校的距离。

4. 直接的传播影响

当高校微信公众平台推送消息后，大学生们会评论并转发感兴趣的内容到个人的朋友圈。这说明了大学生既是信息的接受者又是信息的传播者。这种方式可以极大地拓宽德育的范围和影响力。

二、高校微信公众平台在德育工作中的优势

高校大学生对于新鲜事物的求知欲和好奇心促使了他们成为微信使用的一个庞大群体。正是意识到了这点，许多高校在充分了解和掌握微信公众平台优势的基础上，构建了高校德育公众平台。为德育工作提供了一个新载体，为师生交流创造了一个新平台，提高了高校德育工作的效果。

（一）提高德育工作的效率

高校只需要以学校官方的名义提出申请，经过审核，就可以获得官方认证的微信公众服务号。传统德育工作一般都是通过"学校—学院—辅导员—班干部—学生"这种方式来开展的。而在这个智能手机基本普及的大学生群体中，通过微信公众服务号，高校可以直接每天向关注该公众号的用户推送学校新闻和公告，并提供信息查询等服务。由于大部分高校都已经基本实现无线网络全覆盖，所以信息的"制作—发送—送达"几乎是瞬间完成的。大大降低了德育工作的传播成本，提高了德育工作的效率。

（二）为德育工作提供新载体

由于无线网络的完善，加上智能手机价格的降低，极大地加速了智能手机的普及。传统的德育工作一般都是通过思想政治教育课程、讲座和校园文化活动等方式来开展。而通过微信公众平台，高校可以及时向用户推送讲座和校园文化活动的信息，让学生可以根据自己的兴趣与需求积极地参与到其中，促进了大学生的全面发展。这种方式改变了单一传统的宣传模式，提高了大学生的积极性和参与度。因此，微信公众平台为高校德育工作提

供了新载体，成了传递德育思想的新途径。

（三）提供了师生交流新平台

传统思想政治教育课程的开展一般都采用灌输式的教育方法，通过老师讲解学生听课的课堂教育方式来进行教学。在这种情况下，学生被动接受知识，一般都会有抵触情绪。德育工作的开展往往达不到预期的效果。微信公众平台的普及使得高校德育工作者和大学生的自主化水平都得到了大幅提升。首先，老师们可以向大学生推荐学校各种公众账号，而学生通过关注并转发自己感兴趣的话题到自己的朋友圈，向自己的同辈进行宣传。这就相当于用户在成为信息接受者的同时，也是一个信息分享者。其次，老师们还可以通过建立微信交流群来分享学习方式并及时为学生解惑。同时通过对大学生微信的关注，时刻把握住大学生的发展动态，积极引导大学生的健康全面发展。

（四）深化德育工作的效果

高校微信公众平台不仅可以给学生推送学校新闻，还包括提供信息查询等便利服务。这种涉及学生学习生活娱乐各方面的新载体，给学生带来的是潜移默化的影响。与传统单一的授课方式相比较，学生更会乐于接受这种无形中给自己带来便利和影响的方式。通过微信公众平台的互动，教育者们也可以更好地了解学生的真正需求，对症下药，促进大学生的全面发展，进而达到事半功倍的德育效果。

三、积极发挥高校微信公众平台的德育功能

利用微信公众平台来开展大学生德育工作是新媒体时期高校德育工作的一种新路径。校园公众号有着得天独厚的优势。把握和全面发挥高校微信公众平台的德育功能，是当下新媒体时代高校德育工作开展的重要任务。

（一）加强监管，引导思想

当今社会是一个多元化的社会，正处于外来文化和本土文化融合和碰撞的复杂时期。高校更应格外重视当代大学生的德育培养工作，坚持与时俱进。首先，高校要加强对发布信息的审核与监管，确保发布信息的权威性和可靠性，从根本上保障德育工作的顺利开展。其次，高校要通过专业培训从思想和技术两个层面上培养德育工作者的媒介素养，提高新媒体的运用能力，使教育者成为信息发布者的同时也成为信息的接收者。德育工作者应该自觉地转变教育理念，只有从观念上意识到媒介素养教育对自身的发展以及提高工作效率的重要性，更好地了解学生的需求，把握大学生的媒体应用心理，制定出更符合当代大学生发展的策略，才能为大学生的德育发展提供一个良好的环境。最后，可以通过开设媒介素养教育课程来加强大学生的媒介素养，提高大学生对于信息的鉴别能力。

（二）多媒体联动，发挥合力

当前各高校以官方名义申请的微信公众号已基本普及。就拿上海理工大学为例，官方

公众号除了定时推送消息外，还有提供信息查询等功能。由于公众号每天只能定时推送有限的消息，高校一般都会首推最重要的信息。再如上海理工大学学生会则是由学生自己创办，校方监督。这种学生自主创办的公众号更具灵活性，在大学生中颇受欢迎。然而，与传统德育工作主动的宣传方式不同的是，微信公众平台需要关注后，才能向用户推送消息和提供服务，具有很大的自主性。因此，高校应该加强校园多媒体联动，整合资源，加大宣传力度，增强高校各公众账号的吸引力，从而扩大覆盖面，增强微信公众平台在高校德育工作中的影响力。

（三）坚持主流，把握方向

由于当下的大学生越来越习惯于碎片化的信息接收方式，倾向于快餐式的学习方式，再加上大学生是智能手机持有者的一个庞大群体，促使互联网成为很多大学生获取和接受外界信息的重要平台，甚至是唯一的平台。因此，微信公众平台作为新兴媒体，有着十分显著的舆论导向作用。在当今社会的负面消息成膨胀趋势的状态下，对于还在成长状态中的大学生来说，对于信息的分辨能力有限，不可避免地会带来很多负面的影响。高校应积极响应党的号召，牢牢把握住主流文化的方向，通过公众号向大学生传递先进的主流文化；帮助和引导大学生树立正确的世界观、人生观和价值观，为大学生的全面发展营造一个良好的文化环境。

（四）与时俱进，不断创新

在传统的德育工作中，德育工作者采取的方法一般都是根据自身的条件和爱好来选择与运用的，无形间忽略了大学生自身的发展特点、兴趣爱好与接受能力等。事实上，德育工作的开展应该是德育工作者和受教育者双向互动的一个过程。而高校微信公众号的普及和发展为这种双向互动提供了可能。一方面，鉴于在新媒体环境下大学生有着很强的自主意识，高校德育工作者应强化与大学生平等对话的意识，并尊重大学生话语权。全方位了解大学生的基本需求，及时传道授业解惑。与此同时，利用微信公众平台来进行德育工作的宣传，可以起到侪辈教育的效果，扩大了大学生德育群体，这样才能调动大学生自我教育的积极性。另一方面，高校微信公众平台作为新媒体时代的产物，不仅要与传统的德育工作方式相结合，取其精华去其糟粕，还要结合当代大学生自身的发展特点，不断拓展与丰富新的内容，采用大学生喜闻乐见的方式来进行德育教育，提高德育实效性。只有充分开发与利用高校新媒体的优势，高校德育工作的开展才能达到事半功倍的效果。

参考文献

[1] 理查德·桑内特. 匠人 [M]. 李继宏译. 上海：上海译文出版社，2015. 序章 12；4；序章 13；序章 13.

[2] 毛泽东文集（第 7 卷)[C]. 北京：人民出版社，1999.162.

[3] 奥辛廷斯基. 未来启示录：苏美思想家谈未来 [M]. 徐元译. 上海：上海译文出版社，1988.193.

[4] 马克斯·韦伯. 学术与政治 [M]. 冯克利译. 北京：外文出版社，1997.38.

[5] 柏拉图. 理想国 [M]. 郭斌和，张竹明译，北京：商务印书馆，1986.172.

[6] 魏源集（上册)[C]. 北京：中华书局，1976.5.

[7] 稻盛和夫. 干法 [M]. 曹岫云译. 北京：机械工业出版社，2015.9-10.

[8] 麦金太尔. 追寻美德：伦理理论研究 [M]. 南京：译林出版社，2003.242.

[9] 蔡元培教育文选 [C]. 北京：人民教育出版社，1980.15.

[10] 秋山利辉. 匠人精神：一流人才育成的 30 条法则 [M]. 北京：中信出版社，2015.3-18.

[11] 卡尔·雅斯贝尔斯. 什么是教育 [M]. 邹进译. 北京：生活·读书·新知三联书店，1991.33.

[12] 塞缪尔·斯迈尔. 品格的力量 [M]. 北京：北京图书馆出版社，2001.86.

[13] 陶行知. 中国教育改造 [M]. 北京：商务印书馆，2014.104-105.

[14] 康德. 论教育学 [M]. 赵鹏等译. 上海：上海人民出版社，2005.28.

[15] 习近平. 决胜全面建成小康社会夺取新时代中国特色社会主义伟大胜利：在中国共产党第十九次全国代表大会上的报告 [N]. 人民日报，2017-10-28(1-5).

[16] 习近平. 习近平主持召开学校思想政治理论课教师座谈会 [N]. 人民日报，2019-03-19(1).

[17] 李航. 新时代高校道德教育的路径探析 [J]. 滇西科技师范学院学报，2019，28(2)：82-86.

[18] 许莹. 新媒体环境下高校德育工作探析 [J]. 中国多媒体与网络教学学报（上旬刊），2019(7)：187-188.

[19] 魏欣羽. 当代马克思主义德育思想新发展：习近平"立德树人"德育思想三维探析 [J]. 中共济南市委党校学报，2019(3)：97-100.